Keller

Kaffeeklatsch vegan

Die Autorin

Isabell Keller ist staatlich geprüfte Diätassistentin und Ernährungsberaterin/DGE. Ihre große Leidenschaft gilt dem Backen: Von vegan bis glutenfrei zaubert sie mit großer Freude kleine und große Leckereien. Eines ist allen ihren Rezeptideen gemeinsam: Sie sind einfach nachzubacken, kostengünstig und funktionieren ohne die Verwendung von Spezialprodukten!
Ihr Wissen gibt sie gerne in Backkursen an Volkshochschulen an Backinteressierte weiter. Isabell Keller lebt in Kaiserslautern.

Isabell Keller

Kaffeeklatsch vegan

75 Backrezepte ohne Milch, Ei und Honig

TRIAS

▶ Die Rezepte zu den gefüllten Makronen und Biskuittörtchen auf dem Cover finden Sie auf den Seiten 69 und 93.

Liebe Leserinnen und Leser ...

... zum Kaffeeklatsch wird jeder gerne eingeladen. Was aber, wenn Sie vegan leben, an Allergien oder Intoleranzen leiden oder auf Ihren Cholesterinspiegel achten müssen – und trotzdem gerne ein vielfältiges Kuchenbuffet zaubern möchten? Genau dann hilft Ihnen dieses Backbuch weiter.

Was erwartet Sie in diesem Buch?

Vegan backen ohne teure Spezialprodukte. Vielleicht kennen Sie bereits ein paar Backbücher, die Rezepte ohne tierische Produkte enthalten. Allerdings werden dort zumeist schwer erhältliche und vor allem teure Spezialprodukte als Ersatzmöglichkeiten für Milch & Ei eingesetzt – z. B. aus dem Reformhaus. Deshalb möchte ich ganz deutlich hervorheben, dass Sie für meine Backrezepte keinerlei Spezialprodukte benötigen! Sämtliche Kuchenrezepte können mit einfachen Zutaten hergestellt werden, die bei Ihnen im Kühl- oder Vorratsschrank lagern (und damit meine ich auch bei Ihren Freunden und Bekannten, die vielleicht nicht vegan leben!).

Grundrezepte auf einen Blick. In diesem Backbuch erwartet Sie nicht nur Basiswissen zu einfachen Kuchenteigen, wie beispielsweise Hefeteig oder Mürbeteig. Sie erlernen auch das Backen von Rührteigen, Muffins, Biskuitrollen, Cremetorten sowie amerikanischen Klassikern (Cupcakes, Pancakes & Co.). Und das ganz ohne die Verwendung von Spezialprodukten.

Einfach backen ohne Milch und Ei. Das Backen ohne tierische Produkte wie Milch und Ei erscheint vielen zunächst schwierig. Ich zeige Ihnen schrittweise alle Tipps und Tricks, die Sie beim Backen ohne tierische

Produkte benötigen. Alle Rezepte sind mehrfach geprüft und können somit ganz einfach nachgebacken werden. Das Prinzip des veganen Backens werden Sie bald »aus dem Effeff« kennen und dann steht einem erfolgreichen Backergebnis nichts mehr im Wege! Trotzdem gilt natürlich: Übung macht den Meister.

Kreativität & Vielfalt. In diesem Backbuch zeige ich Ihnen, dass das Backen ohne tierische Produkte einfach und überaus vielseitig ist und voller kreativer Möglichkeiten steckt. Sie erhalten nicht nur Basiswissen und Grundrezepte, sondern auch viele kreative Rezeptideen, um später auch eigene Rezepte erfinden zu können.

Für den »kleinen Geldbeutel« geeignet. Da in diesem Buch keine Spezialprodukte verwendet werden, sind alle Kuchen zudem kostengünstig herzustellen und somit auch für den »kleinen Geldbeutel« optimal geeignet.

Ich selbst bin Diätassistentin und beschäftige mich regelmäßig mit diätetischen Themen, darunter auch Lebensmittelallergien und der veganen Lebensweise. In meinen täglichen Einzelberatungen und Gruppenschulungen versuche ich meinen Patienten aufzuzeigen, wie sie auch ohne tierische Produkte ausgewogen, gesund und insbesondere abwechslungsreich essen können. Seit mehreren Jahren arbeite ich bereits an diätetischen Backrezepten und gebe hierzu Backkurse an verschiedenen Volkshochschulen. Dieses Buch widme ich allen voran meiner Mutter, die von einer Hühnerei- und Milcheiweißallergie betroffen ist.

Nun liegt die Umsetzung an Ihnen – der Erfolg ist Ihnen sicher! Ich wünsche Ihnen viel Spaß und viele kreative, eigene Backideen!

Ihre
Isabell Keller

Die vegane Backstube

Kuchen ohne Ei? Torte ohne Sahne? Aber klar doch – hier verrate ich Ihnen, mit welchen Tricks das funktioniert.

Backen ohne Tier

In diesem Kapitel verrate ich Ihnen mein Geheimnis beim Backen ohne tierische Produkte und ohne spezielle Ersatzprodukte. Sie werden sehen, es ist ganz einfach – und – die Hauptsache – lecker schmeckt es auch!

Bevor wir uns damit befassen, wie wir tierische Produkte beim Backen am besten ersetzen können, wollen wir uns kurz die Frage beantworten: Welche Aufgaben haben Milch und Ei beim Backen eigentlich?

Milch bzw. Milchprodukte liefern den Kuchenteigen hauptsächlich die benötigte Flüssigkeit, tragen aber auch zu einem guten Geschmack bei. Meist werden in Teigen Kuhmilch, Quark, Joghurt, Buttermilch oder Schlagsahne verwendet.

Eier werden dazu benötigt, die Zutaten im Kuchenteig zu binden und die Strukturen im Teig aufzulockern. Je stärker die Eier geschlagen werden, desto lockerer wird der Teig. Zudem tragen Eier wesentlich zum Geschmack des Gebäcks bei und liefern etwas Flüssigkeit.

Wie ersetze ich Milch & Ei?

Wie Sie bereits erfahren haben, werden in diesem Buch nur kostengünstige, leicht erhältliche Zutaten als Ersatzmittel eingesetzt. Und das funktioniert auch völlig unkompliziert! Mittlerweile bekommen Sie in nahezu jedem Supermarkt eine große Auswahl an pflanzlichen Drinks als Ersatz für Milchprodukte, z. B. Sojamilch oder Haferdrinks. Auch die Eier im Kuchenteig lassen sich mit einfachen Mitteln ersetzen:

- Flüssigkeiten: Mineralwasser, pflanzliche Drinks, Fruchtsäfte
- Backtriebmittel: Backpulver, Natron, Weinsteinbackpulver
- Bindemittel: Puddingpulver, Banane

Wie Sie diese verschiedenen Ersatzmöglichkeiten verwenden, erfahren Sie im Folgenden unter »Grundzutaten für vegane Kuchenteige«.

Ei-Ersatzmittel aus dem Reformhaus:

Grundsätzlich lassen sich Eier in Kuchen- und Gebäckteigen wunderbar durch eine zerdrückte oder pürierte Banane ersetzen. Es ist daher nicht erforderlich, nach speziellen Ersatzprodukten zu suchen – aber wenn Sie mögen, können Sie selbstverständlich auch Spezialprodukte aus dem Reformhaus verwenden, um Eier im Teig zu ersetzen. Hierbei empfehle ich Ihnen die folgenden zwei Produkte:

Pfeilwurzelstärke. Die Pfeilwurzelstärke wird aus dem Rhizom der Pfeilwurzpflanze gewonnen. Sie ist nicht nur ein idealer Ersatz zum Binden und Andicken von Saucen und Suppen, sondern auch zum Ersetzen von Eiern in Kuchen und Gebäcken geeignet. Das weiße Pulver ist im Reformhaus erhältlich – manchmal auch unter dem Namen »Arrowroot« – und kostet ab ca. 3 Euro pro 125 g. Grundsätzlich gilt:1 Teelöffel Pfeilwurzelstärke mit 3 Esslöffeln Wasser verrührt ist der Ersatz für ein Ei.

Johannisbrotkernmehl. Johannisbrotkernmehl wird aus den Samen der Frucht des Johannisbrotbaumes hergestellt und ist ein natürliches pflanzliches Binde- und Verdickungsmittel.

Milch-Ersatzmittel

Milch bzw. Milchprodukte können ganz einfach durch Sojaprodukte oder Produkte aus Reis oder Hafer (Reisdrink, Haferdrink) ersetzt werden. Diese Produkte finden Sie mittlerweile in den meisten größeren Lebensmittelmärkten.

Sojaprodukte. Sojamilch oder Sojadrink sind ein guter pflanzlicher Ersatz für Milch. Sie sind auch in verschiedenen Geschmacksrichtungen, wie Schokolade oder Vanille, erhältlich. Sojasahne und Tofu werden in diesem Buch allerdings nicht verwendet. Im Hinblick auf die steigende Anzahl an Sojaallergikern können sämtliche Rezepte in diesem Backbuch auch ohne Soja hergestellt werden.

Reis- und Haferprodukte. Reisdrink und Haferdrink können genauso eingesetzt werden wie Sojamilch. Auch sie sind in verschiedenen Geschmacksrichtungen erhältlich. Auch geeignet als Milchersatz sind Mandelmilch und Kokosmilch.

Laktosefreie Produkte. Laktosefreie Produkte sind bei Laktoseintoleranz sinnvoll, allerdings für Veganer nicht geeignet, da auch laktosefreie Milch ein tierisches Produkt ist und Kuhmilcheiweiß enthält.

Grundzutaten für vegane Kuchenteige

Auf den folgenden Seiten finden Sie alle Grundzutaten, die Sie für Ihr veganes Backvergnügen benötigen. Sie werden dabei feststellen: Alle Zutaten haben Sie bereits zuhause in Ihrem Küchenregal oder Kühlschrank!

Mehl, Puddingpulver & Stärke

Alle Rezepte in diesem Backbuch sind mit Weizenmehl (Typ 405) hergestellt. Wer kein Weizenmehl verwenden möchte, darf gerne Dinkelmehl nehmen. Nicht alle Rezepte wurden mit Dinkelmehl getestet, aber viele. Trauen Sie sich, es funktioniert!

Die meisten Kuchen in diesem Buch werden zusätzlich mit Puddingpulver hergestellt. Dieses ist meist vegan und in vielen verschiedenen Sorten, wie Vanille, Schokolade, Erdbeere, Mandel oder Karamell, erhältlich. Puddingpulver ist ein Produkt auf Stärkebasis, hergestellt mit Geschmackszutaten, wie z. B. Vanillepulver im Vanillepuddingpulver. Puddingpulver gibt dem Teig Geschmack und Farbe und sorgt gleichzeitig für eine feine Kuchenstruktur.

Tipp

Wer kein Puddingpulver verwenden möchte, kann auf reine Stärke zurückgreifen. Dann sollten Sie jedoch etwas mehr Geschmackszutaten verwenden, z. B. Vanillepulver oder Kakaopulver. Maisstärke, Kartoffelstärke oder Weizenstärke sorgen, ebenso wie Puddingpulver, für eine feinere Konsistenz des Kuchenteiges.

Backtriebmittel

An Backtriebmitteln sollte es in keinem Kuchen mangeln! Sie verleihen den Kuchen und Gebäckstücken eine luftig-lockere Struktur.

Hier finden Sie einige Beispiele für vegane Backtriebmittel:

Backpulver. Grundsätzlich gilt: Verwenden Sie bei veganen Rezepten etwas mehr Backpulver, da das Ei als Trieb- bzw. Lockerungsmittel fehlt. Maximal jedoch sollten 2 Päckchen pro Rezept verwendet werden, da das Backpulver sonst im Kuchen einen Eigengeschmack entwickelt. Bei den Rezepten in diesem Buch ist jeweils die optimale Menge Backpulver angegeben. Wer kein Backpulver verwenden möchte, der kann auf folgende Alternativen zurückgreifen:

Natron. Je nach Rezept können Sie Natron auch als alleiniges Backtriebmittel einsetzen. Hierfür eignen sich besonders flache Rührteigrezepte und kleinere Gebäckstücke wie Muffins. Meist sind 2 Teelöffel Natron pro Rezept ausreichend. Bei größeren Kuchen sollte man Natron und Backpulver kombinieren. Mein Tipp: Etwas Zitronensaft fördert die optimale Wirksamkeit von Natron! Grundsätzlich gilt: ½ Teelöffel Natron auf 100 g Mehl kann ein Ei ersetzen. Maximal 15 g Natron (3 Teelöffel) sollten pro Rührteigrezept verwendet werden, damit sich kein unangenehmer Eigengeschmack entwickelt.

Weinsteinbackpulver. Auch dieses kann als Backtriebmittel verwendet werden. Grundsätzlich gilt: Verwenden Sie die gleiche Menge wie Backpulver. Die Menge kann je nach Kuchenteig und Form jedoch etwas variieren. Testen Sie selbst und werden Sie kreativ!

Fett & Zucker

Fett und Zucker sind ideale Geschmacksträger. Zudem sorgen Sie für Volumen im Kuchenteig.

Sämtliche Kuchen können mit veganer Margarine oder mit neutralem Öl (z. B. Sonnenblumenöl) hergestellt werden. Öl im Teig sorgt für eine besonders lockere und luftige Kuchenstruktur, allerdings wird die Kuchenstruktur auch etwas instabiler. Kuchen aus Öl sollten Sie in jedem Fall über mehrere Stunden gut auskühlen lassen, bevor Sie ihn in Stücke schneiden. Beachten Sie auch, dass nicht alle Margarinen vegan sind! Einige Beispiele für vegane Margarinen sind: Becel, Deli Reform und Sojala.

Tipp

Alle Kuchenrezepte in diesem Backbuch gelingen Ihnen mit Öl und veganer Margarine. Wählen Sie, was Ihnen lieber ist.

Für alle Kuchenrezepte können Sie handelsüblichen Haushaltszucker verwenden. Gerne kann dieser auch durch die gleiche Menge an Puderzucker oder braunem Zucker ersetzt werden. Zur geschmacklichen Verfeinerung empfehle ich, jedem Kuchenteig 1–2 Packungen Vanillezucker zuzufügen.

Flüssigkeit

Jeder Kuchen benötigt Flüssigkeit. Sie sorgt unter anderem dafür, dass sich sämtliche Zutaten zu einer homogenen Masse verbinden. Indem Sie verschiedene Flüssigkeiten gezielt verwenden, sorgen Sie außerdem dafür, dass sich besondere geschmackliche Nuancen entfalten. Sie können folgende Flüssigkeiten verwenden:

Mineralwasser mit Kohlensäure. Dies ist die beste Lösung, um leckere vegane Kuchen herzustellen. Die Kohlensäure sorgt für eine besonders luftige & lockere Kuchenstruktur. Mineralwasser eignet sich für alle Kuchenteige, ausgenommen Hefeteige, besonders gut. Für Hefeteige können Sie warmes Wasser ohne Kohlensäure verwenden. Beachten Sie: Werden Sie nicht unruhig, wenn sich das Mineralwasser nicht mit der Margarine-Zucker-Masse im Kuchen verbindet. Sobald Sie die restlichen Zutaten zugefügt haben, erhalten Sie eine homogene Masse.

Haferdrink & Co. Haferdrink, Reisdrink, Sojamilch, Mandelmilch und Kokosmilch eignen sich besonders gut für Hefeteigrezepte und Rührkuchen. Tipp: Verwenden Sie Flüssigkeiten mit Vanille- und Schokoladengeschmack!

Fruchtsäfte. Fruchtsäfte (z.B. Apfelsaft, Orangensaft, Kirschsaft) eignen sich besonders gut für flache Kuchenteige, wie Kuchen vom Blech oder Biskuitrollen. Auch können Sie einfache Rührkuchen mit Fruchtsäften herstellen. Grundsätzlich benötigen vegane Kuchenteige etwas mehr Flüssigkeit, da die Flüssigkeit des Hühnereis fehlt. In den Rezepten in diesem Buch sind genau die Flüssigkeiten eingesetzt, die ideal mit dem Kuchenrezept harmonieren. Sie können die Flüssigkeiten jedoch untereinander jederzeit austauschen oder zwei verschiedene Flüssigkeiten miteinander ergänzen.

Geschmackszutaten

Geschmackszutaten können sein: Bourbon-Vanillepulver, Zimtpulver, die geriebene Schale einer unbehandelten Zitrone oder Orange, Vanillezucker, Zitronenzucker, Orangenzucker, alkoholische Getränke (Rum, Amaretto) und vieles mehr.

Die Banane ist nicht nur eine leckere Geschmackszutat. Sie hat zudem die Eigenschaft, Flüssigkeit in Teigen zu binden. Grundsätzlich gilt: 1 Banane (geschält ca. 100 g), püriert oder mit einer Gabel zerdrückt, ist der Ersatz für ein Ei.

Faktor Zeit

Grundsätzlich gilt: Lassen Sie alle Kuchen gut auskühlen, bevor Sie sie in Stücke schneiden! Vegane Kuchenteige haben eine sehr feine, lockere Kuchenstruktur und sind damit im warmen Zustand instabil.

Alle Kuchenrezepte lassen sich ideal weiterverarbeiten, wenn sie am Vortag zubereitet wurden und über Nacht an einem kühlen Ort (z. B. im Kühlschrank) auskühlen können. Ich empfehle Ihnen daher, sämtliche Kuchen am Vortag herzustellen und erst am Folgetag zu servieren. Schneiden Sie Ihren Kuchen mit einem Brotmesser vorsichtig in kleine Stücke.

Ihre Erfolgstipps beim Backen

Mit diesen einfachen Tipps aus meiner Backstube gelingt Ihr Naschwerk garantiert. Sie werden sehen, es ist kein Hexenwerk, ohne Milch und Eier leckere Kuchen zu backen – die nicht nur Ihnen, sondern auch Ihren Verwandten und Freunden, die nicht vegan leben, ganz köstlich schmecken.

Genug Flüssigkeit! Die Flüssigkeit, die das Ei einem »normalen« Teig gibt, muss ersetzt werden! Vegane Kuchenteige benötigen aus diesem Grund eine höhere Flüssigkeitsmenge als Kuchenteige, die mit Eiern hergestellt werden. Schrecken Sie nicht davor zurück, wenn Ihr Kuchenteig recht flüssig ist – beim Backen wird er garantiert fest!

Mineralwasser als Triebmittel. Besonders in Rührteigrezepten eignet sich Mineralwasser mit Kohlensäure hervorragend als Flüssigkeitsersatz und Triebmittel. Im Vergleich zu Fruchtsäften oder pflanzlichen Drinks (wie z. B. Haferdrink) werden die Rührkuchen größer und erhalten eine sehr lockere Struktur. Tipp: Besonders beim Backen mit Mineralwasser bietet es sich an, die Kuchen über viele Stunden (idealerweise über Nacht) auskühlen zu lassen. Beachten Sie auch, dass sich Mineralwasser beim Rühren nicht mit der Margarine verbindet! Eine homogene Kuchenmasse erhalten Sie erst, nachdem alle weiteren Zutaten zugefügt und untergerührt wurden.

Neutrale Öle oder vegane Margarine? Durch den Einsatz von neutralen Ölen (wie Sonnenblumenöl) erhalten ihre Kuchen eine lockere Struktur. Öle eignen sich besonders für Rührteige, Muffins und Biskuitteige. Wenn Sie Öle verwenden, muss der Kuchen unbedingt mehrere Stunden auskühlen, bevor er angeschnitten wird. Verwenden Sie dagegen Margarine, dann ist die Kuchenstruktur etwas fester und der Kuchen muss vor dem Anschneiden nicht ganz so lange ruhen.

Geschmackszutaten für mehr Abwechslung! Um Kreativität in Ihre Backwerke zu bringen, sollten Sie verschiedene Geschmackszutaten verwenden. Diese können beispielsweise sein: Vanillepulver, Kakaopulver, Nüsse, Mohn oder Kokosflocken. Auch mit verschiedenen Toppings können Sie Ihre Gebäckstücke aufpeppen.

Teure Spezialprodukte sind überflüssig! Zum veganen Backen brauchen Sie keine Spezialprodukte wie Johannisbrotkernmehl, Pfeilwurzelstärke, Ei-Ersatzpulver aus dem Reformhaus oder Sojasahne. Johannisbrotkernmehl und Pfeilwurzelstärke sorgen lediglich für eine festere Kuchenstruktur. Das bedeutet, dass der Kuchen leichter in Stücke geschnitten werden kann, ohne zu brechen. Geben Sie Ihren Gebäckstücken genug Zeit zum Auskühlen, dann sind diese Spezialprodukte überflüssig! Ei-Ersatzpulver benötigen Sie für keines der Kuchenrezepte in diesem Buch. Sojasahne können Sie durch einen cremigen Pudding ersetzen.

Kuchenbleche einfetten und bemehlen. Vielleicht kennen Sie es schon, Kuchenbleche und -formen vor dem Backen einzufetten und leicht zu bemehlen. Sie werden überrascht sein, wie leicht sich sämtliche Kuchen (auch Biskuitböden) aus der Kuchenform herauslösen lassen, wenn die Backform vorab mit etwas Öl und Mehl bearbeitet wurde. Beachten Sie jedoch, dass alle Kuchen vor dem Herauslösen gut abgekühlt sein sollten.

Beobachten Sie den Kuchen im Backofen! Die Backzeit kann immer etwas variieren. Um sie kurz zu halten, sollte der Kuchen, sobald er eine feste Oberfläche gebildet hat, für die restliche Backzeit vollständig mit Alufolie abgedeckt werden.

Faktor Zeit. Kuchen ohne Eier besitzen eine lockere, leicht brüchige Struktur.

Kreative Ecke: Glasuren & Cremes

	Zutaten	Verwendung/Einsatz	Zubereitung
Puderzucker-glasur	250 g Puderzucker 1 EL vegane Margarine wenige EL Fruchtsaft (z. B. Zitrone, Heidelbeere, Kirsche) Vanillepulver, Kakaopulver	Rührkuchen, Muffins, Hefegebäck	Puderzucker mit Margarine, Flüssigkeit und Aromen vermischen
feine Creme - Vanillecreme - Schokocreme - Mandelcreme - Kokoscreme usw.	500 g Puderzucker 200 g vegane Margarine Vanillepulver, Kakaopulver, Amaretto o. Ä.	Torten, Cupcakes	Alle Zutaten miteinander verkneten
Puddingcreme	500 ml Haferdrink 100 g vegane Margarine 2 EL Zucker 1 Packung Puddingpulver (z. B. Schokolade, Karamell, Vanille, Mandel)	Torten, Cupcakes, Füllungen für kleine Gebäckstücke	Aus Haferdrink und Puddingpulver nach Anweisung einen Pudding kochen, Margarine unterrühren. Den Pudding mit Frischhaltefolie abdecken und auskühlen lassen.

Deshalb ist es besonders wichtig, jeden Kuchen über mehrere Stunden gut auskühlen zu lassen, bevor er in Stücke geschnitten wird. Ich rate Ihnen, den Kuchen zunächst abkühlen zu lassen, dann aus der Form zu nehmen und ihn über Nacht im Kühlschrank erneut abkühlen zu lassen.

Kreativität. In diesem Buch finden Sie viele verschiedene Anregungen, um aus einfachen Kuchenrezepten selbst etwas Kreatives zu machen. Lassen Sie sich inspirieren und danach Ihrer eigenen Kreativität freien Lauf. Probieren Sie selbst neue Rezepte aus! Mit Kreativität macht das Backen noch mehr Spaß!

Veganes Naschvergnügen

Hier kommen sie nun: leckere Backrezepte ohne tierische Produkte – von einfachen Grundrezepten über schnelle Kuchenrezepte bis hin zu echten Klassikern. Ihnen und Ihren Gästen einen guten Appetit!

Feiner Hefezopf

Ein echter Klassiker – einfach lecker!

▶ **Für 12–16 Stücke**
preisgünstig
1½ Std. + ca. 40 Min. im Backofen + mind. 1 Std. Kühlzeit

500 g Weizenmehl · 1 Würfel frische Hefe oder 1 Packung Trockenhefe · 80 g Zucker · 250 ml lauwarmer Haferdrink · 1 Pck. Bourbon-Vanillezucker · geriebene Schale einer unbehandelten Zitrone · 80 g vegane Margarine · 1 Prise Salz

- Das Mehl in eine Schüssel sieben und in die Mitte eine Mulde drücken. Die Hefe hineinbröckeln, 5 Esslöffel Haferdrink daraufgeben und 1 Esslöffel Zucker zufügen. Die Mulde mit etwas Mehl bedecken, den Teig abdecken und für ca. 15 Minuten an einen warmen Ort stellen.
- Die restlichen Zutaten zum Teig geben und alles miteinander verkneten. Den Teig für weitere 45 Minuten ruhen lassen, bis er sein Volumen verdoppelt hat.
- Den Backofen auf 200 Grad (Umluft: 180 Grad) vorheizen. Aus dem Hefeteig 3 gleich große Rollen formen und wie einen Zopf flechten. Den Zopf mit etwas Wasser oder Haferdrink bestreichen und im vorgeheizten Backofen auf mittlerer Schiene etwa 40 Minuten backen.

LECKERE BASICS

Sandkuchen

Ein feiner Rührteig mit Vanille

▶ **Für eine Kastenform (25 cm) – ergibt 12 Stücke**

gelingt leicht

15 Min. + ca. 1 Std. im Backofen + mind. 3 Std. Kühlzeit

100 g vegane Margarine · 190 g Zucker · 1 Pck. Bourbon-Vanillezucker · 2 Msp. Vanillepulver · 350 ml Mineralwasser · 275 g Weizenmehl · 1 Pck. Backpulver · 1 Pck. Puddingpulver Vanille · 1 Prise Salz · etwas Puderzucker zum Bestäuben

- Den Backofen auf 200 Grad (Umluft: 180 Grad) vorheizen.
- Margarine schmelzen und mit Zucker, Vanillezucker und Vanillepulver verrühren. Etwa die Hälfte des Mineralwassers zufügen und weiterrühren. Etwas Mehl darübersieben.
- Backpulver, Vanillepuddingpulver und Salz zufügen und alles gut vermischen. Dabei nach und nach das restliche Mineralwasser zufügen.
- Den Teig in eine eingefettete und leicht bemehlte Kastenform füllen und im Ofen auf mittlerer Schiene etwa 60 Minuten backen. Sobald sich eine feste Oberfläche gebildet hat, den Kuchen für die restliche Backzeit mit Alufolie abdecken.
- Den Kuchen gut auskühlen lassen, idealerweise über Nacht. Vor dem Servieren mit etwas Puderzucker bestäuben und mit einem Brotmesser vorsichtig in Stücke zerteilen.

Variante: Für eine runde Kuchenform (Durchmesser 24 cm) nehmen Sie die 1½-fache Zutatenmenge. Für 12 Muffins (1 Muffinblech) brauchen Sie nur ⅔ der Zutatenmenge aus dem Grundrezept. Diese Muffins eignen sich optimal für Cupcakes. Wie wäre es beispielsweise mit einer leckeren Vanillecreme aus Vanillepudding und veganer Margarine als Topping?

Leckere Sandkuchen-Variationen

Aus 1 mach 5!

- **Für Zitronenkuchen:** Aus den Grundzutaten einen Rührteig (Seite 22) zubereiten. Dabei 100 ml Mineralwasser durch Zitronensaft ersetzen und die geriebene Zitronenschale zufügen. Den Teig wie im Grundrezept beschrieben backen. Den ausgekühlten Kuchen mit einer Puderzuckercreme aus Puderzucker und Zitronensaft bestreichen. Mit Zitronenzesten belegen.
- **Für Marmorkuchen:** Für einen Marmorkuchen den Teig aus dem Grundrezept in zwei Hälften teilen. Unter die eine Hälfte 1–2 Teelöffel Kakaopulver mischen. Beide Teige in eine Kuchenform füllen und mit einer Gabel die typische Marmorform herstellen.
- **Für Schokoladen-Bananen-Kuchen:** Mit den Grundzutaten einen Rührteig zubereiten. Anstelle des Mineralwassers 400 ml Haferdrink verwenden. Das Vanillepuddingpulver durch Schokoladenpuddingpulver ersetzen. Die Bananen schälen. Die Hälfte des Teiges in eine Kuchenform füllen und die geschälten Bananen längs darauflegen. Den restlichen Teig darauf verteilen.
- **Für Königskuchen:** Aus den Grundzutaten einen Rührteig (Seite 22) zubereiten. Vor dem Backen die Rosinen auf dem Teig verteilen.
- **Für Früchtekuchen:** Die Trockenfrüchte klein hacken. Den Teig aus den Grundzutaten in eine Kuchenform füllen und die Trockenfrüchte darauf verteilen.

▶ **Für eine Kastenform (25 cm) – ergibt 12 Stücke**
gelingt leicht
15 Min. + ca. 1 Std. im Backofen + mind. 3 Std. Kühlzeit

Zutaten für 1 Sandkuchenteig (Seite 22)

Für Zitronenkuchen:
100 ml Zitronensaft (Saft von 2–3 unbehandelten Zitronen) · geriebene Schale einer unbehandelten Zitrone · 200 g Puderzucker · Zitronenzesten

Für Marmorkuchen:
1–2 TL Kakaopulver

Für Schokoladen-Bananen-Kuchen:
400 ml Haferdrink · 1 Pck. Puddingpulver Schokolade · 2–4 Bananen

Für Königskuchen:
150 g Rosinen

Für Früchtekuchen:
150 g Trockenfrüchte

Biskuitboden mit Früchten

Sommerlich – fruchtig – frisch

▶ Für 12 Stücke
gelingt leicht
1 Std. + ca. 1 Std. im Backofen + mind. 5 Std. Kühlzeit

Für den Rührteig:
80 g vegane Margarine · 180 g Zucker · 2 Pck. Bourbon-Vanillezucker · 1 Msp. Vanillepulver · 300 ml Mineralwasser · 250 g Weizenmehl · 1 Pck. Backpulver · 2 Pck. Puddingpulver Vanille · 1 Prise Salz · 50 ml Fruchtsaft · runde Biskuitform (ca. 24 cm)

Für den Fruchtbelag:
1½ Pck. Puddingpulver Vanille · 3 EL Zucker · 250 ml Haferdrink · ca. 500 g Obst (z. B. Erdbeeren, Pfirsiche, Kirschen, auch aus der Konserve möglich) · 300–400 ml Fruchtsaft · 30 g gehobelte Mandeln

- Den Backofen auf 200 Grad (Umluft: 180 Grad) vorheizen.
- Margarine schmelzen und mit Zucker, Vanillezucker und Vanillepulver gut verrühren. Mineralwasser zufügen und weiterrühren. Mehl darübersieben. Backpulver, Puddingpulver und Salz zufügen und alles miteinander vermischen. Dabei den Fruchtsaft zufügen.
- Den Teig in eine eingefettete und leicht bemehlte Biskuitform geben und im Ofen auf mittlerer Schiene etwa 1 Stunde backen. Sobald sich auf dem Kuchen eine feste Oberfläche gebildet hat, diesen für die restliche Backzeit mit Alufolie gut abdecken.
- In der Zwischenzeit ein halbes Päckchen Puddingpulver und 1 Esslöffel Zucker mit 3 Esslöffeln kaltem Haferdrink, von der Gesamtmenge abgenommen, gut verrühren. Den restlichen Haferdrink zum Kochen bringen, von der Kochstelle nehmen und das angerührte Puddingpulver unter ständigem Rühren hinzufügen. Nochmals kurz aufkochen lassen. Den Pudding mit Frischhaltefolie abdecken und etwas auskühlen lassen.
- Den Biskuitboden langsam aus der Form lösen. Den Vanillepudding darauf verteilen. Das Obst waschen, putzen und gleichmäßig auf dem Kuchenboden verteilen.
- Den Fruchtsaft mit Wasser auf 500 ml auffüllen. Etwa 6 Esslöffel davon mit 1 Päckchen Vanillepuddingpulver vermischen. Den restlichen Saft aufkochen und mit der angerührten Vanillemasse abbinden. Den Kuchen mit der Flüssigkeit glasieren. Mit den gehobelten Mandeln bestreuen und über mehrere Stunden kühl stellen.

Feine Biskuitrolle

Zaubern Sie doch mal eine leckere Vanille- oder Schokoladenbiskuitrolle!

▶ **Für 12 Stücke**
braucht etwas mehr Zeit
1 Std. + ca. 20 Min. im Backofen + mind. 4 Std. Kühlzeit

Für den Biskuitteig:
80 g Sonnenblumenöl ·
140 g Zucker ·
2 Pck. Bourbon-Vanillezucker ·
2 Msp. Vanillepulver ·
250 ml Mineralwasser ·
200 g Weizenmehl ·
1 Pck. Backpulver ·
1 Pck. Puddingpulver Vanille bzw. Schokolade ·
1 TL Kakaopulver (nur für Schokoladenbiskuit) ·
1 Prise Salz

Für die Füllung:
250 g Puderzucker ·
150 g vegane Margarine ·
1 Msp. Vanillepulver bzw. 2 TL Kakaopulver

- Den Backofen auf 200 Grad (Umluft: 180 Grad) vorheizen.
- Sonnenblumenöl mit Zucker, Vanillezucker und Vanillepulver gut verrühren. Etwa die Hälfte des Mineralwassers zufügen und weiterrühren. Mehl darübersieben.
- Backpulver, Vanillepuddingpulver (für Schokoladenbiskuit Schokoladenpuddingpulver und 1 Teelöffel Kakaopulver) und Salz zufügen und alles gut vermischen. Dabei nach und nach das restliche Mineralwasser zufügen. Den Teig auf ein mit Backpapier ausgelegtes Backblech streichen und im Ofen auf mittlerer Schiene etwa 20 Minuten backen.
- 2 Esslöffel des Puderzuckers beiseitestellen. Den restlichen Puderzucker sieben und mit der Margarine und dem Vanillepulver (Schokoladenbiskuit: Kakaopulver anstatt Vanillepulver) verkneten und auf den leicht abgekühlten Biskuitboden streichen.
- Mithilfe des Backpapiers das Biskuit vorsichtig einrollen und über mehrere Stunden kühl stellen. Zuletzt mit dem restlichen Puderzucker bestäuben.

Mikrowellenkuchen

Der schnelle Sandkuchen aus der Mikrowelle

- Margarine schmelzen und mit Zucker, Vanillezucker und Vanillepulver gut verrühren. Etwa die Hälfte des Mineralwassers zufügen und weiterrühren.
- Das Mehl darübersieben. Backpulver, Vanillepuddingpulver und Salz zufügen und alles miteinander vermischen. Dabei nach und nach das restliche Mineralwasser zufügen.
- Den Teig in eine leicht eingefettete und bemehlte, mikrowellengeeignete Backform geben und bei ca. 800 Watt 8–10 Minuten backen.
- Beachten Sie: Je nach Größe der Backform kann die Backzeit variieren! Deshalb sollten Sie den Kuchen in der Mikrowelle immer wieder beobachten.
- Anschließend den Kuchen auskühlen lassen und mit Puderzucker bestäuben.

Variante: Für einen Marmorkuchen mit Sauerkirschen 1–2 Teelöffel Kakaopulver unter eine Hälfte des Teiges mischen und beide Teige in die Kuchenform füllen. Die Sauerkirschen darauf verteilen. Mit einer Gabel die typische Marmorform herstellen. Dieser Kuchen muss etwas länger backen!

▶ **Für 10 Stücke**
geht schnell
15 Min. + ca. 10 Min. in der Mikrowelle + mind. 1 Std. Kühlzeit

100 g vegane Margarine · 200 g Zucker · 1 Pck. Bourbon-Vanillezucker · 4 Msp. Vanillepulver · 350 ml Mineralwasser · 275 g Weizenmehl · 1 Pck. Backpulver · 1 Pck. Puddingpulver Vanille · 1 Prise Salz · etwas Puderzucker zum Bestäuben · 1 mikrowellengeeignete Backform (ca. 20 × 20 cm)

Löffelbiskuits

Das ideale Grundrezept für vielerlei Schichtdesserts!

▶ **Für 12 Biskuitstäbchen**
preisgünstig
30 Min. + ca. 15 Min. im Backofen + mind. 1 Std. Kühlzeit

100 ml Sonnenblumenöl · 300 g Zucker · 1 Pck. Bourbon-Vanillezucker · 2 Msp. Vanillepulver · 250 ml Mineralwasser · 200 g Weizenmehl · 2 TL Backpulver (ca. 10 g) · 1 Pck. Puddingpulver Vanille · 1 Prise Salz · 100 g vegane Margarine

- Den Backofen auf 200 Grad (Umluft: 180 Grad) vorheizen.
- Sonnenblumenöl mit 150 g Zucker, Vanillezucker und Vanillepulver gut verrühren. Das Mineralwasser zufügen und weiterrühren. Das Mehl darübersieben. Backpulver, Puddingpulver und Salz zufügen und alles miteinander zu einem Teig verarbeiten.
- Den Teig in eine eingefettete und leicht bemehlte Kastenform von etwa 20 x 20 cm Größe geben und im Ofen auf mittlerer Schiene etwa 15 Minuten backen. Sobald sich eine feste Oberfläche gebildet hat, den Teig für die restliche Backzeit gut mit Alufolie abdecken.
- Den Kuchen auskühlen lassen und in 12 kleine Stäbchen schneiden. Die Margarine schmelzen. Die Stäbchen mit der Margarine bestreichen und im übrig gebliebenen Zucker wälzen. Die Biskuits gut auskühlen lassen.

Berliner Pfannkuchen

... dazu ein Tässchen Kaffee?

- Das Mehl sieben und eine Mulde hineindrücken. Die Hefe hineinbröckeln, etwas lauwarmen Haferdrink und 1 TL Zucker zufügen und dann etwa 15 Minuten abgedeckt an einem warmen Ort ruhen lassen.
- Danach den restlichen Zucker und Haferdrink sowie Vanillezucker, Vanillepulver, Zitronenschale, Margarine und Salz zufügen, die Masse zu einem Teig kneten und für weitere 45 Minuten an einem warmen Ort gehen lassen. Der Teig sollte seine Größe verdoppelt haben.
- Eine dicke Teigrolle formen, diese in 12 Stücke teilen und daraus runde Kugeln formen. Achten Sie darauf, dass die Kugeln gut geformt sind und es keine offenen Stellen gibt. Das Kokosfett in einer Pfanne erhitzen und die Teigknödel darin von beiden Seiten bei mittlerer Hitze 5–10 Minuten garen.
- Achtung: Das Fett darf nicht zu heiß werden! Achten Sie darauf, dass die Berliner nur zu ⅓ mit Fett bedeckt sind, damit sie den typischen weißen Rand erhalten.
- Die Berliner auf Küchenpapier abtropfen lassen. Die Konfitüre in einen Spritzbeutel füllen und die Berliner damit füllen. Die Berliner zuletzt mit Puderzucker bestäuben oder in Haushaltszucker wenden.

▶ Für 12 Berliner
preisgünstig
1½ Std. + ca. 20 Min. in der Pfanne + mind. 30 Min. Kühlzeit

500 g Mehl · ½ Würfel frische Hefe · ca. 250 ml Haferdrink · 100 g Zucker · 1 Pck. Bourbon-Vanillezucker · 1 Msp. Vanillepulver · geriebene Schale einer unbehandelten Zitrone · 80 g vegane Margarine · 1 Prise Salz · etwas Mehl zum Ausrollen · 200 g Kokosfett · 200 g Konfitüre · 1 Spritzbeutel · etwas Puderzucker oder Haushaltszucker

Beerenkuchen vom Blech

»Beerenstark« & kinderleicht!

▶ **Für 16–20 Stücke**

geht schnell

15 Min. + ca. 20 Min. im Backofen

80 g vegane Margarine · 230 g Zucker · 1 Pck. Bourbon-Vanillezucker · geriebene Schale einer Bio-Zitrone · 300 ml Mineralwasser · 200 g Weizenmehl · 1 Pck. Backpulver · 2 Pck. Puddingpulver Vanille · 1 Prise Salz · 250 g Beerenmischung, tiefgefroren

- Den Backofen auf 200 Grad (Umluft: 180 Grad) vorheizen.
- Margarine schmelzen und mit 180 g Zucker, dem Vanillezucker und der geriebenen Zitronenschale gut verrühren. Etwa die Hälfte des Mineralwassers zufügen und weiterrühren.
- Das Mehl darübersieben. Backpulver, Puddingpulver und Salz zufügen und alles gut vermischen. Dabei nach und nach das restliche Mineralwasser zufügen.
- Den Teig auf ein mit Backpapier ausgelegtes Blech geben und die Beeren darauf verteilen. Den Kuchen im Ofen auf mittlerer Schiene etwa 20 Minuten backen. 5 Minuten vor Ende der Backzeit den Kuchen mit dem restlichen Zucker bestreuen.

RUCK-ZUCK-REZEPTE

Müslikuchen

Für den perfekten Start in den Tag!

▶ **Für 12 Stücke**
gelingt leicht
20 Min. + ca. 1 Std. im Backofen + mind. 3 Std. Kühlzeit

100 g vegane Margarine · 180 g Zucker · 1 Pck. Bourbon-Vanillezucker · Schale einer Bio-Zitrone · 350 ml Mineralwasser · 250 g Weizenmehl · 1 Pck. Backpulver · 1 Pck. Puddingpulver Vanille · 100 g Früchtemüsli · 1 Prise Salz · 1 großer Apfel (150 g ungeschält) · 50 g Trauben, kernlos · etwas Puderzucker zum Bestäuben

- Den Backofen auf 200 Grad (Umluft: 180 Grad) vorheizen.
- Margarine schmelzen und mit Zucker, Vanillezucker und geriebener Zitronenschale gut verrühren. Etwa die Hälfte des Mineralwassers zufügen und weiterrühren.
- Mehl darübersieben. Backpulver, Puddingpulver, Früchtemüsli und Salz zufügen und alles gut vermischen. Dabei nach und nach das restliche Mineralwasser zufügen.
- Den Apfel schälen und in kleine Stücke schneiden, die Trauben halbieren. Beides unter den Teig mischen. Den Teig in eine eingefettete und leicht bemehlte Kastenform (Länge ca. 25 cm) geben und backen. Sobald sich auf dem Kuchen eine feste Oberfläche gebildet hat, diesen für die restliche Backzeit mit Alufolie gut abdecken.
- Den Kuchen auskühlen lassen und mit etwas Puderzucker bestäuben.

Schneller Apfelmuskuchen mit Zuckerstreuseln

Schön fruchtig-süß!

- Den Backofen auf 200 Grad (Umluft: 180 Grad) vorheizen.
- Margarine schmelzen und mit Zucker, Vanillezucker und Vanillepulver gut verrühren. Etwa die Hälfte des Mineralwassers zufügen und weiterrühren. Das Mehl darübersieben.
- Backpulver, Maisstärke, ½ Päckchen Puddingpulver und Salz zufügen und alles gut vermischen. Dabei nach und nach das restliche Mineralwasser zufügen.
- Den Teig auf ein mit Backpapier ausgelegtes Backblech streichen und auf mittlerer Schiene etwa 5–8 Minuten backen.
- In der Zwischenzeit das Apfelmus mit dem restlichen Puddingpulver mischen. Mehl, Zucker, Margarine und Vanillepulver zu Streuseln verarbeiten.
- Den Kuchen vorsichtig mit der Apfelmasse bestreichen und die Streusel darüberstreuen. Den Kuchen auf oberer Schiene in 12–15 Minuten fertig backen.

Tipp

Selbst gemachtes Apfelmus schmeckt immer am besten! Hierfür benötigen Sie 2 kg Äpfel, die Sie schälen, danach in kleine Stücke schneiden und weich kochen. Zum Schluss mit einem Pürierstab mixen und etwas Zucker hinzufügen.

▶ Für 16–20 Stücke
gelingt leicht
20 Min. + ca. 20 Min. im Backofen

Für den Rührteig:
80 g vegane Margarine · 180 g Zucker · 1 Pck. Bourbon-Vanillezucker · 1 Msp. Vanillepulver · 300 ml Mineralwasser · 200 g Weizenmehl · 1 Pck. Backpulver · 80 g Maisstärke · 2½ Pck. Puddingpulver Vanille · 1 Prise Salz · 1½ kg Apfelmus

Für die Streusel:
150 g Weizenmehl · 100 g vegane Margarine · 100 g Zucker · 2 Msp. Vanillepulver

Mohnkuchen mit Vanillehaube

Außen vanillig, innen cremig-weich!

▶ **Für ca. 40 Kuchenecken**
gelingt leicht
30 Min. + ca. 20 Min. im Backofen + 2 Std. Kühlzeit

Für den Rührteig:
80 g vegane Margarine · 220 g Zucker · 1 Pck. Bourbon-Vanillezucker · 1 Msp. Vanillepulver · 350 ml Mineralwasser · 250 g Weizenmehl · 1 Pck. Backpulver · 1 Pck. Puddingpulver Vanille · 40 g Stärke (Mais oder Weizen) · 1 Prise Salz

Für die Füllung und die Vanillehaube:
1 Liter Haferdrink · 2 Pck. Puddingpulver Vanille · 80 g Zucker · 400 g Mohn · 400 g Apfelmus · 2 Pck. Vanillezucker

- Den Backofen auf 200 Grad (Umluft: 180 Grad) vorheizen.
- Margarine schmelzen und mit Zucker, Vanillezucker und Vanillepulver verrühren. Etwa die Hälfte des Mineralwassers zufügen und weiterrühren. Das Mehl darübersieben.
- Backpulver, Puddingpulver, Stärke und Salz zufügen und alles gut vermischen. Dabei nach und nach das restliche Mineralwasser zufügen.
- Den Teig auf ein mit Backpapier ausgelegtes Backblech streichen und etwa 20 Minuten backen.
- In der Zwischenzeit etwa 10 Esslöffel Haferdrink mit Vanillepuddingpulver und Zucker anrühren. Den restlichen Haferdrink aufkochen und mit der angerührten Vanillemasse abbinden.
- Den Mohn mit Apfelmus, Vanillezucker und der Hälfte des Vanillepuddings vermischen und die Masse auf den Kuchen streichen.
- Den restlichen Vanillepudding daraufstreichen und den Kuchen über mehrere Stunden kühl stellen.

Apfel-Schoko-Brot mit Nüssen

Mit feiner Zimtnote – weckt weihnachtliche Gefühle!

▶ **Für 12 Stücke**
gelingt leicht
20 Min. + ca. 1 Std. im Backofen + 2 Std. Kühlzeit

90 g vegane Margarine · 200 g Zucker · 1 Pck. Bourbon-Vanillezucker · 1 TL Zimt · 250 ml Mineralwasser · 230 g Weizenmehl · 1 Pck. Backpulver · 1 EL Kakaopulver · 50 g Mandeln, gemahlen · 1 Prise Salz · 1 großer Apfel (geschält 200 g) · 100 g Mandeln, ganz · etwas Puderzucker zum Bestreuen

- Den Backofen auf 200 Grad (Umluft: 180 Grad) vorheizen.
- Margarine schmelzen und mit Zucker, Vanillezucker und Zimt gut verrühren. Etwa die Hälfte des Mineralwassers zufügen und weiterrühren.
- Das Mehl darübersieben. Backpulver, gemahlene Mandeln, Kakaopulver und Salz zufügen und alles gut vermischen. Dabei nach und nach das restliche Mineralwasser zufügen.
- Den Apfel schälen, grob raspeln und unter den Teig mischen. Die Mandeln halbieren und auch hinzufügen.
- Den Teig in eine eingefettete und leicht bemehlte Kastenform von 15 cm Länge geben und backen. Sobald sich auf dem Kuchen eine feste Oberfläche gebildet hat, diesen für die restliche Backzeit gut mit Alufolie abdecken.
- Den ausgekühlten Kuchen mit etwas Puderzucker bestreuen.

Saftiger Kokoskuchen

Extra saftig – beliebt bei Kindern!

- Den Backofen auf 200 Grad (Umluft: 180 Grad) vorheizen.
- Kokosfett schmelzen und mit Zucker, Vanillezucker und Vanillepulver gut verrühren. Das Mineralwasser zufügen und weiterrühren. Das Mehl darübersieben.
- Backpulver, Sahnepuddingpulver, Kokosflocken und Salz zufügen und alles gut vermischen. Die Kokosmilch zufügen.
- Den Teig in eine eingefettete und leicht bemehlte Kastenform von 25 cm Länge geben und backen. Sobald sich auf dem Kuchen eine feste Oberfläche gebildet hat, diesen für die restliche Backzeit mit Alufolie gut abdecken.
- Den Kuchen mehrere Stunden (idealerweise über Nacht) auskühlen lassen und danach mit etwas Puderzucker bestäuben.

Tipp

Aus diesem Kuchenrezept können Sie leckere kleine Schneemuffins herstellen.

▶ **Für 12 Stücke**

geht schnell

15 Min. + ca. 1 Std. im Backofen + 2 Std. Kühlzeit

100 g Kokosfett · 200 g Zucker · 1 Pck. Bourbon-Vanillezucker · 2 Msp. Vanillepulver · 200 ml Mineralwasser · 200 g Weizenmehl · 1 Pck. Backpulver · 2 Pck. Puddingpulver Sahne · 150 g Kokosflocken · 1 Prise Salz · 100 ml Kokosmilch · etwas Puderzucker zum Bestäuben

Schneckenkuchen

Mit Aprikosen-Vanille-Füllung und Studentenfutter

▶ **Für 8–9 Schnecken**
gelingt leicht
90 Min. + ca. 45 Min. im Backofen

Für den Teig:
500 g Weizenmehl · 1 Würfel frische Hefe oder 1 Packung Trockenhefe · 80 g Zucker · ca. 300 ml Haferdrink, lauwarm · 1 Packung Bourbon-Vanillezucker · 2 Msp. Vanillepulver · Schale einer geriebenen Bio-Zitrone · etwas Puderzucker zum Bestreuen

Für die Füllung:
½ Packung Puddingpulver Vanille · 1 EL Zucker · 250 ml Haferdrink · 150 g Aprikosenkonfitüre · 150 g Studentenfutter

- Das Mehl in eine Schüssel sieben und in die Mitte eine Mulde drücken. Die Hefe hineinbröckeln, eine Prise Zucker daraufgeben und wenige Esslöffel warmen Haferdrink zufügen. Die Mulde mit etwas Mehl vom Rand bedecken und etwa 15 Minuten an einem warmen Ort gehen lassen.
- Danach die restlichen Zutaten zufügen und alles zu einem Teig verkneten. Den Teig für weitere 45 Minuten ruhen lassen, bis er sein Volumen verdoppelt hat. Den Backofen auf 200 Grad (Umluft: 180 Grad) vorheizen.
- Für die Füllung Puddingpulver und Zucker mit ca. 5 Esslöffeln kaltem Haferdrink gut verrühren. Den restlichen Haferdrink zum Kochen bringen. Von der Kochstelle nehmen und das angerührte Puddingpulver unter ständigem Rühren hinzufügen und nochmals kurz aufkochen lassen. Anschließend 100 g der Aprikosenkonfitüre untermischen.
- Den Hefeteig ausrollen und mit der Füllung bestreichen. 100 g Studentenfutter darauf verteilen und den Teig einrollen. 8–9 Stücke schneiden und diese vorsichtig in eine leicht eingefettete und bemehlte, runde Kuchenform (Durchmesser 24 cm) legen.
- Den Kuchen mit der restlichen Aprikosenkonfitüre bestreichen und das übrige Studentenfutter darauf verteilen und andrücken. Den Kuchen im Ofen auf mittlerer Schiene etwa 45 Minuten backen, zwischendurch mehrmals mit etwas Wasser oder Haferdrink bestreichen.
- Den Schneckenkuchen nach dem Auskühlen mit etwas Puderzucker bestäuben.

Schoko-Kokos-Kuchen vom Blech

Eine feine Kombination!

▶ **Für 16–20 Stücke**
gelingt leicht
40 Min. + ca. 20 Min. im Backofen + mind. 2 Std. Kühlzeit

Für den Rührteig:
80 g vegane Margarine · 220 g Zucker · 1 Pck. Bourbon-Vanillezucker · 400 ml Haferdrink Schokolade · 275 g Weizenmehl · 1 Pck. Backpulver · 1 Pck. Puddingpulver Schokolade · 2 TL Kakaopulver · 50 g Kokosflocken · 1 Prise Salz

Für die Creme:
1 Pck. Vanillepuddingpulver · 2 EL Zucker · 500 ml Haferdrink Schokolade · 100 g vegane Margarine · 150 g Kokosflocken

- Den Backofen auf 200 Grad (Umluft: 180 Grad) vorheizen.
- Margarine schmelzen und mit Zucker und Vanillezucker verrühren. Etwa die Hälfte des Haferdrinks zufügen und weiterrühren.
- Das Mehl darübersieben. Backpulver, Puddingpulver, Kakaopulver, Kokosflocken und Salz zufügen und alles gut vermischen. Dabei nach und nach den restlichen Haferdrink zufügen.
- Den Teig auf ein mit Backpapier ausgelegtes Backblech streichen und im Ofen auf mittlerer Schiene etwa 20 Minuten backen.
- In der Zwischenzeit die Creme zubereiten. Hierfür das Puddingpulver und den Zucker mit ca. 5 Esslöffeln kaltem Haferdrink, von der Gesamtmenge abgenommen, gut verrühren.
- Den restlichen Haferdrink zum Kochen bringen. Von der Kochstelle nehmen und das angerührte Puddingpulver unter ständigem Rühren hinzufügen und nochmals kurz aufkochen lassen. 50 g Margarine unterrühren, den Pudding mit Frischhaltefolie abdecken und abkühlen lassen.
- Den abgekühlten Pudding auf den Kuchen streichen. Die restliche Margarine in der Pfanne erhitzen und die Kokosflocken darin leicht anbräunen. Die warmen Kokosflocken über den Kuchen streuen.

Birnen-Schokoladen-Kuchen

Schokoladig und fruchtig-frisch

▶ **Für 12 Stücke**
gelingt leicht
30 Min. + ca. 1 Std. im Backofen + mind. 2 Std. Kühlzeit

80 g vegane Margarine · 180 g Zucker · 1 Pck. Bourbon-Vanillezucker · Schale einer Bio-Zitrone · 700 ml Birnensaft · 200 g Weizenmehl · 1 Pck. Backpulver · 2 Pck. Puddingpulver Schokolade · 1 Prise Salz · 100 ml Mineralwasser · 1 Packung Puddingpulver Sahne · 1 EL Zucker · ca. 12 Birnenhälften aus der Konserve

- Den Backofen auf 200 Grad (Umluft: 180 Grad) vorheizen.
- Margarine schmelzen und mit Zucker, Vanillezucker und geriebener Zitronenschale verrühren. 200 ml Birnensaft zufügen und weiterrühren.
- Das Mehl darübersieben. Backpulver, Schokoladenpuddingpulver und Salz zufügen und alles gut vermischen. Dabei das Mineralwasser zufügen.
- Den Teig in eine eingefettete und leicht bemehlte runde Kuchenform (Durchmesser 24 cm) geben und backen. Sobald sich auf dem Kuchen eine festere Oberfläche gebildet hat, die Birnenhälften darauf verteilen und den Kuchen fertig backen. Nach Bedarf den Kuchen während des Backvorgangs mit Alufolie abdecken.
- Das Sahnepuddingpulver und 1 Esslöffel Zucker mit 5 Esslöffeln Birnensaft gut verrühren. Den restlichen Birnensaft zum Kochen bringen. Von der Kochstelle nehmen und das angerührte Puddingpulver unter ständigem Rühren hinzufügen und nochmals kurz aufkochen lassen.
- Die Birnencreme über den Kuchen streichen und diesen gut abkühlen lassen.

Dark-Choc-Kuchen mit Kokosflocken

Schokolade satt!

- Den Backofen auf 200 Grad (Umluft: 180 Grad) vorheizen.
- Margarine schmelzen und mit Zucker und Vanillezucker verrühren. Etwa die Hälfte des Mineralwassers zufügen und weiterrühren.
- Das Mehl darübersieben. Backpulver, dunkles Schokoladenpuddingpulver, Kakaopulver, Kokosflocken und Salz zufügen und alles gut vermischen. Dabei nach und nach das restliche Mineralwasser zufügen.
- Den Teig in eine gefettete und leicht bemehlte Kastenform von 25 cm Länge geben und backen. Sobald sich auf dem Kuchen eine feste Oberfläche gebildet hat, diesen für die restliche Backzeit mit Alufolie gut abdecken.
- In der Zwischenzeit den Puderzucker sieben und mit Kakaopulver und etwas Wasser oder Zitronensaft zu einer streichfähigen Glasur anrühren. Den abgekühlten Kuchen vollständig mit der Glasur bestreichen und mit den Kokosflocken bestreuen.

Tipp

Dieser Kuchen hält sich sehr lange frisch. Sie können ihn daher gut im Voraus zubereiten.

▶ Für 12 Stücke

gut vorzubereiten

25 Min. + ca. 1 Std. im Backofen + 2 Std. Kühlzeit

Für den Rührteig:

100 g vegane Margarine · 220 g Zucker · 1 Pck. Bourbon-Vanillezucker · 450 ml Mineralwasser · 250 g Weizenmehl · 1 Pck. Backpulver · 1 Pck. Puddingpulver dunkle Schokolade · 3 EL Kakaopulver · 50 g Kokosflocken · 1 Prise Salz

Für die Dekoration:

250 g Puderzucker · 2 EL Kakaopulver · etwas Wasser oder Zitronensaft · 50 g Kokosflocken

Zuckerkuchen mit Mandarin-Orangen

Blechkuchen für Schleckermäulchen

▶ **Für 16–20 Stücke**
geht schnell
20 Min. + ca. 20 Min. im Backofen

Für den Rührteig:
100 g vegane Margarine · 180 g Zucker · 1 Pck. Bourbon-Vanillezucker · Schale einer Bio-Orange · 200 ml Orangensaft · 200 g Weizenmehl · 1 Pck. Backpulver · 2 Pck. Puddingpulver Vanille · 1 Prise Salz · 100 ml Mineralwasser

Für den Belag:
1 kleine Dose Mandarin-Orangen (Abtropfgewicht ca. 175 g) · 100 g vegane Margarine · 100 g Zucker · 75 g Mandeln, gehobelt

- Den Backofen auf 200 Grad (Umluft: 180 Grad) vorheizen.
- Die Margarine schmelzen und mit Zucker, Vanillezucker und geriebener Orangenschale verrühren. Den Orangensaft zufügen und weiterrühren. Das Weizenmehl darübersieben.
- Backpulver, Puddingpulver und Salz zufügen und alles gut vermischen. Dabei nach und nach das Mineralwasser zufügen.
- Den Teig auf ein mit Backpapier ausgelegtes Backblech geben und 8–10 Minuten backen.
- Den Kuchen herausnehmen. Die abgetropften Mandarin-Orangen darauf verteilen. Danach die Margarine in Flöckchen daraufgeben. Den Zucker und zuletzt die gehobelten Mandeln darüberstreuen.
- Den Kuchen in weiteren 10–12 Minuten fertig backen.

Schokoladenbiskuitrolle mit Heidelbeeren

Eine schokoladige Erfrischung für den Sommer!

Für 12 Stücke
gelingt leicht
45 Min. + ca. 20 Min. im Backofen + mind. 3 Std. Kühlzeit

80 ml Sonnenblumenöl · 150 g Zucker · 1 Pck. Bourbon-Vanillezucker · 250 ml Mineralwasser · 200 g Weizenmehl · 2 TL Backpulver (ca. 10 g) · 1 Pck. Puddingpulver Schokolade · 1 TL Kakaopulver · 1 Prise Salz · ½ Pck. Puddingpulver Sahne · 1 EL Zucker · 250 ml Haferdrink · 1 EL vegane Margarine · 200 g frische Heidelbeeren · etwas Puderzucker

- Den Backofen auf 200 Grad (Umluft: 180 Grad) vorheizen.
- Öl, Zucker und Vanillezucker gut verrühren. Mineralwasser zufügen und weiterrühren. Mehl darübersieben. Backpulver, Schokoladenpuddingpulver, Kakaopulver und Salz zufügen und alles gut vermischen.
- Den Teig auf ein mit Backpapier ausgelegtes Backblech streichen und etwa 20 Minuten backen.
- Das Sahnepuddingpulver und 1 Esslöffel Zucker mit 3 Esslöffeln Haferdrink verrühren. Restlichen Haferdrink zum Kochen bringen. Von der Kochstelle nehmen, das angerührte Puddingpulver unter Rühren hinzufügen. Nochmals kurz aufkochen.
- Die Margarine unterrühren. Den Pudding mit Frischhaltefolie abdecken und abkühlen lassen.
- Den Pudding auf den ausgekühlten Biskuitboden streichen. Die Heidelbeeren waschen und darauf verteilen. Das Biskuit vorsichtig mithilfe des Backpapiers einrollen, fest zusammendrücken und einige Stunden auskühlen lassen. Zuletzt die Rolle mit Puderzucker bestäuben.

KREATIV UND MODERN

Biskuitrolle mit leckerer Mohnfüllung

Dieser Rolle widersteht niemand ...

▶ **Für 12 Stücke**
gelingt leicht
30 Min. + ca. 20 Min. im Backofen + mind. 3 Std. Kühlzeit

80 g Sonnenblumenöl · 150 g Zucker · 1 Pck. Bourbon-Vanillezucker · 1 Msp. Vanillepulver · 250 ml Mineralwasser · 200 g Weizenmehl · 2 TL Backpulver (ca. 10 g) · 1½ Pck. Puddingpulver Vanille · 1 Prise Salz · 1 EL Zucker · 250 ml Haferdrink · 100 g Mohn, gemahlen · 50 g Puderzucker · etwas Puderzucker zum Bestäuben

- Den Backofen auf 200 Grad (Umluft: 180 Grad) vorheizen.
- Sonnenblumenöl mit Zucker, Vanillezucker und Vanillepulver gut verrühren. Etwa die Hälfte des Mineralwassers zufügen und weiterrühren. Mehl darübersieben.
- Backpulver, 1 Päckchen Puddingpulver und Salz zufügen und alles miteinander vermischen. Dabei nach und nach das restliche Mineralwasser zufügen.
- Den Teig auf ein mit Backpapier ausgelegtes Backblech streichen und im Ofen auf mittlerer Schiene etwa 20 Minuten backen.
- In der Zwischenzeit das übrige Puddingpulver und 1 Esslöffel Zucker mit 5 Esslöffeln Haferdrink gut verrühren. Den restlichen Haferdrink zum Kochen bringen. Von der Kochstelle nehmen und das angerührte Puddingpulver unter ständigem Rühren hinzufügen und nochmals kurz aufkochen lassen.
- Den Mohn zufügen, den Puderzucker darübersieben und beides mit dem Pudding verrühren.
- Die Masse auf das ausgekühlte Biskuit streichen und langsam mithilfe des Backpapiers einrollen und fest drücken. Vor dem Anschneiden mehrere Stunden kühl stellen.

Variante: Diese Mohnfüllung eignet sich auch besonders gut für Hefeschnecken!

Biskuitrollen mal anders

Ein Klassiker ganz originell

- Den Backofen auf 200 Grad (Umluft: 180 Grad) vorheizen.
- Margarine schmelzen und mit Zucker und Vanillezucker verrühren. Etwa die Hälfte des Mineralwassers zufügen und weiterrühren. Das Mehl darübersieben.
- Backpulver, Puddingpulver, Salz und Amaretto zufügen und alles miteinander vermischen. Dabei nach und nach das restliche Mineralwasser zufügen. Den Teig auf ein mit Backpapier ausgelegtes Backblech streichen und im Ofen auf mittlerer Schiene etwa 20 Minuten backen.
- In der Zwischenzeit das Puddingpulver für die Creme mit Zucker und 5 Esslöffeln Haferdrink gut verrühren. Den restlichen Haferdrink zum Kochen bringen.
- Den Haferdrink von der Kochstelle nehmen und das angerührte Puddingpulver unter ständigem Rühren hinzufügen und nochmals kurz aufkochen lassen. Mit Frischhaltefolie abdecken und abkühlen lassen.
- Die Hälfte des Puddings auf den Kuchen streichen und etwas ruhen lassen. Die Biskuitrolle mithilfe des Backpapiers vorsichtig einrollen und festdrücken. Über mehrere Stunden kalt stellen.
- Den restlichen Pudding über das Biskuit streichen. Die gehackten Mandeln darüberstreuen.

▶ Für 12 Stücke
gelingt leicht
30 Min. + ca. 20 Min. im Backofen + mind. 3 Std. Kühlzeit

Für Mandelbiskuitteig:
80 g vegane Margarine · 150 g Zucker · 2 Pck. Bourbon-Vanillezucker · 250 ml Mineralwasser · 250 g Weizenmehl · 2 TL Backpulver (ca. 10 g) · 1 Pck. Puddingpulver Mandel · 1 Prise Salz · 2 EL Amaretto

Für die Mandelcreme:
1 Pck. Puddingpulver Mandel · 2 EL Zucker · 500 ml Haferdrink · 50 g vegane Margarine · 50 g gehackte Mandeln

Variante: Für eine Karamellbiskuitrolle bereiten Sie den gleichen Teig zu, allerdings mit Karamellpuddingpulver. Den Amaretto lassen Sie weg. Für die Creme nehmen Sie ebenfalls Karamellpudding anstelle von Mandelpudding. Die gehackten Mandeln entfallen.

Orangenlimokuchen mit Mandarinen und Pistazien

Eine kreative Leckerei!

▶ **Für 12 Stücke**
braucht etwas mehr Zeit
25 Min. + ca. 1 Std. im Backofen + mind. 2 Std. Kühlzeit

Für den Rührteig:
60 g vegane Margarine · 150 g Zucker · 1 Pck. Bourbon-Vanillezucker · 1 Pck. Orangenzucker · etwas geriebene Schale einer unbehandelten Orange · 350 ml Orangenlimonade · 275 g Weizenmehl · 1 Pck. Backpulver · 1 Pck. Puddingpulver Vanille · 50 g Pistazien, gemahlen · 1 Prise Salz · 1 Dose Mandarinen (Abtropfgewicht ca. 175 g)

Für die Dekoration:
200 g Puderzucker · Saft einer frischen Orange · 1 EL gehackte Pistazien

- Margarine schmelzen und mit Zucker, Vanillezucker, Orangenzucker und geriebener Orangenschale verrühren. Etwa die Hälfte der Orangenlimonade zufügen und weiterrühren. Das Mehl darübersieben.
- Den Backofen auf 200 Grad (Umluft: 180 Grad) vorheizen.
- Backpulver, Puddingpulver, gemahlene Pistazien und Salz zufügen und alles miteinander vermischen. Dabei nach und nach die restliche Orangenlimonade zufügen. 12 Mandarinen beiseite legen. Die restlichen Mandarinen vorsichtig unter den Teig heben.
- Die Teigmasse in eine eingefettete und leicht bemehlte Kastenform von 25 cm Länge geben und die 12 Mandarinen auf der Oberfläche verteilen.
- Den Kuchen im vorgeheizten Backofen auf mittlerer Schiene etwa 1 Stunde backen. Sobald sich auf dem Kuchen eine feste Oberfläche gebildet hat, diesen für die restliche Backzeit mit Alufolie bedecken.
- In der Zwischenzeit den Puderzucker sieben und mit etwas Orangensaft eine streichfähige helle Zuckerglasur anrühren. Den ausgekühlten Kuchen mit der Puderzuckercreme bestreichen und mit gehackten Pistazien bestreuen.

Variante: Dieses Rezept eröffnet Ihnen kreative Möglichkeiten! Verwenden Sie anstelle von Orangenlimonade beispielsweise Zitronenlimonade und gemahlene Walnüsse anstatt Pistazien.

Zebra-Biskuit-Rolle mit Physalis

Exotisch-kreativ!

▶ **Für 12 Stücke**
exotische Zutaten
35 Min. + ca. 15 Min. im Backofen + mind. 4 Std. Kühlzeit

80 g Sonnenblumenöl · 160 g Zucker · 2 Pck. Bourbon-Vanillezucker · 3 Msp. Vanillepulver · 300 ml Mineralwasser · 250 g Weizenmehl · 1 Prise Salz · 2 TL Backpulver (ca. 10 g) · 1 Pck. Puddingpulver Vanille · 1 Pck. Puddingpulver Schokolade · 2 Spritzbeutel · 250 g Puderzucker · 100 g vegane Margarine · 100 g Physalis

- Sonnenblumenöl mit Zucker, Vanillezucker und 2 Messerspitzen Vanillepulver verrühren. Das Mineralwasser zufügen und weiterrühren. Das Mehl darübersieben. Backpulver und Salz zufügen und weiter kräftig rühren.
- Den Backofen auf 200 Grad (Umluft: 180 Grad) vorheizen.
- Die Hälfte des Teiges in eine zweite Schüssel füllen. In einer der Schüsseln das Vanillepuddingpulver und in der anderen Schüssel das Schokoladenpuddingpulver unter den Teig rühren.
- Die Teige in die Spritzbeutel füllen und abwechselnd in dünnen Streifen auf ein mit Backpapier ausgelegtes Backblech spritzen. Die Masse im Ofen auf mittlerer Schiene etwa 15 Minuten backen.
- In der Zwischenzeit den Puderzucker sieben und mit der Margarine und 1 Messerspitze Vanillepulver verkneten. Die Masse auf das ausgekühlte Biskuit streichen.
- Die Physalis waschen, halbieren und auf dem Biskuit verteilen. Das Biskuit langsam mithilfe des Backpapiers einrollen und fest zusammendrücken. Für einige Stunden kalt stellen und zuletzt mit etwas Puderzucker bestäuben.

Mohn-Schoko-Kuchen mit Marzipankugeln

Ein Highlight auf jeder Kaffeetafel!

- Margarine schmelzen und mit Zucker und Vanillezucker verrühren. Etwa die Hälfte des Mineralwassers zufügen und weiterrühren.
- Den Backofen auf 200 Grad (Umluft: 180 Grad) vorheizen.
- Das Mehl über den Teig sieben. Backpulver, Puddingpulver, Stärke, Mohn und Salz zufügen und alles gut vermischen. Dabei nach und nach das restliche Mineralwasser zufügen.
- Den Teig in eine eingefettete und leicht bemehlte Kastenform von 25 cm Länge geben. Aus dem Marzipan 12 kleine Kugeln rollen und auf dem Teig verteilen.
- Den Kuchen im Backofen auf mittlerer Schiene etwa 1 Stunde backen. Sobald sich eine feste Oberfläche gebildet hat, den Kuchen für die restliche Backzeit mit Alufolie abdecken.
- Den Kuchen nach dem Auskühlen mit etwas Puderzucker bestäuben.

▶ Für 12 Stücke
gelingt leicht
25 Min. + ca. 1 Std. im Backofen

80 g vegane Margarine · 200 g Zucker · 1 Pck. Bourbon-Vanillezucker · 350 ml Mineralwasser · 200 g Weizenmehl · 1 Pck. Backpulver · 1 Pck. Puddingpulver Schokolade · 40 g Maisstärke · 100 g Mohn · 1 Prise Salz · 100 g Marzipan · etwas Puderzucker zum Bestäuben

Kekskuchen – kalter Hund

Knusprig-süß und so lecker!

▶ **Für 10 Stücke**
preisgünstig
2 Std. + ca. 20 Min. im Backofen + 8 Std. Kühlzeit

Für den Teig:
450 g Weizenmehl · 400 g vegane Margarine · 150 g Puderzucker · 1 Pck. Bourbon-Vanillezucker · 2 Msp. Vanillepulver

Für die Füllung:
500 g Puderzucker · 250 g vegane Margarine · 4 EL Kakaopulver

- Das Mehl sieben. Die Margarine in Stücke schneiden und dazugeben. Den Puderzucker daraufsieben und zuletzt Vanillezucker und Vanillepulver dazugeben. Alles zu einem Teig kneten, in Frischhaltefolie wickeln und mindestens 1 Stunde im Kühlschrank ruhen lassen.
- Den Backofen auf 200 Grad (Umluft: 180 Grad) vorheizen.
- Den Teig ausrollen und in 4 Stücke teilen. Die Stücke sollen so groß sein, dass sie genau in eine Kastenform von 25 cm Länge passen. Die Teigstücke auf ein mit Backpapier ausgelegtes Backblech legen und etwa 20 Minuten backen.
- Den Puderzucker für die Füllung sieben und mit Margarine und Kakaopulver verkneten. Die ausgekühlten Teigstücke erneut passgenau auf die Kastenform zuschneiden.
- Die Kastenform leicht einfetten und mit Frischhaltefolie auslegen. Eine Keksschicht hineinlegen und mit Schokoladencreme bestreichen. Die nächste Keksschicht darauflegen und erneut mit Schokocreme bestreichen; so fortfahren, bis alle 4 Keksschichten verbraucht sind. Die letzte Schicht bildet die Schokocreme.
- Den Kekskuchen aus der Form stürzen und die Seiten ebenfalls mit Schokocreme bestreichen. Den Kuchen mit Frischhaltefolie abdecken und über Nacht im Kühlschrank lagern.

Variante: Anstelle von Schokocreme können Sie auch Vanillecreme herstellen, indem Sie Vanillepulver anstatt Kakaopulver nehmen! Dunkle Schokolade, gemischt mit etwas Margarine, eignet sich ebenfalls ideal als Keksfüllung.

Walnuss-Orangen-Cremetorte

Cremig und aromatisch mit feinem Orangenaroma

▶ **Für 12 Stücke**
braucht etwas mehr Zeit
40 Min. + ca. 1 Std. im Backofen + mind. 8 Std. Kühlzeit

Für den Rührteig:
60 g vegane Margarine · 140 g Zucker · 1 Pck. Vanillezucker · 1 Pck. Orangenzucker · Schale einer unbehandelten Orange · 300 ml Mineralwasser · 200 g Weizenmehl · 1 Pck. Backpulver · 2 Pck. Puddingpulver Vanille · 150 g Walnüsse, gemahlen · 50 g Walnüsse, gehackt · 1 Prise Salz

Für die Tortencreme und die Dekoration:
500 g Puderzucker · 250 g vegane Margarine · 5 Msp. Vanillepulver · 100 g Walnusshälften

- Den Backofen auf 200 Grad (Umluft: 180 Grad) vorheizen.
- Margarine schmelzen und mit Zucker, Vanillezucker, Orangenzucker und geriebener Orangenschale verrühren. Etwa die Hälfte des Mineralwassers zufügen und weiterrühren.
- Das Mehl darübersieben. Backpulver, Puddingpulver, Walnüsse und Salz zufügen und alles miteinander vermischen. Dabei nach und nach das restliche Mineralwasser zufügen.
- Den Teig in eine eingefettete und leicht bemehlte Kastenform geben und im Ofen auf mittlerer Schiene etwa 1 Stunde backen. Sobald sich auf dem Kuchen eine feste Oberfläche gebildet hat, diesen für die restliche Backzeit mit Alufolie abdecken. Den Kuchen nach dem Backen vollständig auskühlen lassen.
- In der Zwischenzeit den Puderzucker sieben und mit der Margarine und dem Vanillepulver verkneten. Den ausgekühlten Kuchen zweimal quer halbieren. Auf den Kuchenboden einen Teil der Creme streichen. Dann die nächste Kuchenplatte vorsichtig darauflegen. Erneut mit Creme bestreichen und den Kuchendeckel daraufsetzen.
- Den Kuchen nun vollständig mit der Creme bestreichen und mit den Walnusshälften belegen, dann über mindestens 8 Stunden (idealerweise über Nacht) auskühlen lassen.

Schokoladentorte

Himmlisch schokoladig!

- Den Backofen auf 200 Grad (Umluft: 180 Grad) vorheizen.
- Margarine schmelzen und mit Zucker und Vanillezucker verrühren. Mineralwasser zufügen und weiterrühren.
- Mehl darübersieben. Backpulver, Schokoladenpuddingpulver, Kakaopulver und Salz zufügen und alles gut vermischen. Dabei nach und nach den Haferdrink zufügen.
- Den Teig in eine eingefettete und leicht bemehlte Kastenform geben und im Ofen auf mittlerer Schiene etwa 1 Stunde backen. Sobald sich auf dem Kuchen eine feste Oberfläche gebildet hat, diesen für die restliche Backzeit mit Alufolie gut abdecken.
- In der Zwischenzeit den Puderzucker sieben und mit Margarine und Kakaopulver vermischen. Den ausgekühlten Kuchen zweimal quer halbieren.
- Den Boden des Kuchens mit einer dünnen Schicht Schokoladencreme bestreichen. Dann eine Schicht Kuchen daraufsetzen und diese Schicht erneut mit Schokoladencreme bestreichen.
- Zuletzt den Deckel des Kuchens auflegen und den Kuchen vollständig mit Schokoladencreme bestreichen. Den Kuchen über mindestens 8 Stunden (idealerweise über Nacht) in den Kühlschrank stellen.

▶ Für 12 Stücke
gelingt leicht
45 Min. + ca. 1 Std. im Backofen + mind. 8 Std. Kühlzeit

Für den Rührteig:
100 g vegane Margarine · 180 g Zucker · 1 Pck. Bourbon-Vanillezucker · 200 ml Mineralwasser · 275 g Weizenmehl · 1 Pck. Backpulver · 1 Pck. Puddingpulver Schokolade · 3 EL Kakaopulver · 1 Prise Salz · 200 ml Haferdrink Schokolade

Für die Schokoladencreme:
500 g Puderzucker · 200 g vegane Margarine · 3 EL Kakaopulver

Wölkchentorte

Saftig-lecker und schön cremig

▶ **Für 12 Stücke**
braucht etwas mehr Zeit
45 Min. + ca. 1 Std. im Backofen + mind. 3 Std. Kühlzeit

Für den Rührteig:
80 g Kokosfett · 200 g Zucker · 1 Pck. Vanillezucker · Schale einer unbehandelten Zitrone · 200 ml Kokosmilch · 200 g Weizenmehl · 1 Pck. Backpulver · 1 Pck. Puddingpulver Vanille · 100 g Kokosflocken · 1 Prise Salz · 125 ml Mineralwasser

Für die Vanillecreme:
500 ml Haferdrink · 1 Pck. Puddingpulver Vanille · 40 g Zucker · 50 g Kokosfett

Für die Dekoration:
30 g vegane Margarine · 100 g Kokosflocken

- Den Backofen auf 200 Grad (Umluft: 180 Grad) vorheizen.
- Kokosfett schmelzen und mit Zucker, Vanillezucker und geriebener Zitronenschale verrühren. Kokosmilch zufügen und weiterrühren.
- Mehl darübersieben. Backpulver, Vanillepuddingpulver, Kokosflocken und Salz zufügen und alles miteinander vermischen. Dabei nach und nach das Mineralwasser zufügen.
- Den Teig in eine eingefettete und leicht bemehlte Kastenform von 25 cm Länge geben und backen. Sobald sich eine feste Oberfläche gebildet hat, den Kuchen für die restliche Backzeit gut mit Alufolie abdecken.
- In der Zwischenzeit etwas Haferdrink mit dem Vanillepuddingpulver und dem Zucker vermischen. Den restlichen Haferdrink aufkochen und mit der angerührten Masse abbinden. Das Kokosfett unterrühren.
- Den ausgekühlten Kuchen zweimal quer halbieren. Den Boden mit Vanillecreme bestreichen und eine Kuchenschicht darüberlegen. Diese Schicht erneut bestreichen und den Kuchendeckel darauflegen. Den Kuchen nun vollständig mit der Creme bestreichen.
- Die Margarine in einer Pfanne schmelzen und die Kokosflocken darin leicht andünsten. Die Kokosflocken über den Kuchen streuen und den Kuchen über mehrere Stunden auskühlen lassen.

Reistorte mit Fruchtcocktail

Milchreis mal gebacken ...

- Den Backofen auf 200 Grad (Umluft: 180 Grad) vorheizen.
- Margarine schmelzen und mit Zucker, Vanillezucker und Konfitüre verrühren. Etwa die Hälfte des Mineralwassers zufügen und weiterrühren.
- Das Mehl darübersieben. Backpulver, Puddingpulver, Nüsse und Salz zufügen und alles miteinander vermischen. Dabei nach und nach das restliche Mineralwasser zufügen.
- Den Teig in eine eingefettete und leicht bemehlte runde Kuchenform (Durchmesser 24 cm) geben und im Ofen auf mittlerer Schiene etwa 45 Minuten backen. Sobald sich auf dem Kuchen eine feste Oberfläche gebildet hat, diesen für die restliche Backzeit mit Alufolie abdecken.
- In der Zwischenzeit den Haferdrink aufkochen. Den Rundkornreis zufügen und 30–40 Minuten köcheln lassen. Dabei immer wieder umrühren, damit er nicht anbrennt.
- Den Reis mit dem Zucker süßen und auf den leicht ausgekühlten Kuchen streichen und auskühlen lassen. Den Kuchen vorher nicht aus der Form nehmen!
- Etwas Fruchtsaft aus der Fruchtcocktail-Konserve mit dem Vanillepuddingpulver vermischen. Den restlichen Inhalt der Konserve aufkochen und mit dem angerührten Puddingpulver abbinden.
- Die Masse auf dem Kuchen verteilen. Den Kuchen über mehrere Stunden auskühlen lassen.

▶ Für 12 Stücke
braucht etwas mehr Zeit
1 Std. + ca. 45 Min. im Backofen + mind. 5 Std. Kühlzeit

Für den Boden:
100 g vegane Margarine · 180 g Zucker · 1 Pck. Bourbon-Vanillezucker · 50 g Pfirsichkonfitüre · 300 ml Mineralwasser · 200 g Weizenmehl · 1 Pck. Backpulver · 1 Pck. Puddingpulver Vanille · 150 g Nüsse, gemahlen · 1 Prise Salz

Für den Belag:
1 Liter Haferdrink · 100 g Rundkornreis/Milchreis · 50 g Zucker · 1 große Konserve Fruchtcocktail (Einwaage ca. 350 g) · 1 Pck. Puddingpulver Vanille

Teegebäck

Das Grundrezept für verschiedene kunterbunte Mürbeteigplätzchen

▶ **Für ca. 25 größere Plätzchen**
geht schnell
15 Min. + 1 Std. Ruhezeit + ca. 15 Min. im Backofen + mind. 1 Std. Kühlzeit

300 g Weizenmehl · 200 g vegane Margarine · 100 g Zucker · 2 Pck. Bourbon-Vanillezucker · 1 Msp. Vanillepulver · etwas Mehl zum Ausrollen · verschiedene Ausstechformen · 200 g Puderzucker · etwas bunter Fruchtsaft (z. B. Heidelbeere) · bunte Zuckerstreusel, vegan

- Mehl mit Margarine, Zucker, Vanillezucker und Vanillepulver in eine Schüssel geben und gut miteinander verkneten. Den Teig in Frischhaltefolie wickeln und für mindestens 1 Stunde in den Kühlschrank stellen.
- Den Backofen auf 200 Grad (Umluft: 180 Grad) vorheizen. Die Arbeitsfläche leicht bemehlen, den Teig darauf ausrollen und Plätzchen ausstechen.
- Diese auf ein mit Backpapier ausgelegtes Backblech legen und im Ofen auf mittlerer Schiene etwa 15 Minuten backen.
- Puderzucker und Fruchtsaft zu einer streichfähigen Creme verrühren. Die ausgekühlten Plätzchen damit bestreichen und mit bunten Zuckerstreuseln bestreuen.

Variante: Weihnachtsbäumchen (Seite 62), Orangenplätzchen (Seite 63) und Schwarz-Weiß-Schnecken (Seite 64) lassen sich ebenfalls aus diesem Grundrezept zaubern.

KLEIN UND SÜSS

Marmeladenringe

Beliebt bei Groß und Klein

▶ **Für ca. 25 größere Plätzchen**

geht schnell

15 Min. + 1 Std. Ruhezeit + ca. 15 Min. im Backofen + mind. 1 Std. Kühlzeit

Zutaten für 1 Grundrezept Teegebäck (Seite 60) · 100 g Konfitüre · etwas Puderzucker zum Bestreuen · große und kleine runde Ausstechformen

- Den Teig aus den Grundzutaten herstellen, in Frischhaltefolie wickeln und für etwa 1 Stunde in den Kühlschrank legen.
- Den Backofen auf 200 Grad (Umluft: 180 Grad) vorheizen.
- Den Teig auf einer bemehlten Fläche dünn ausrollen und runde Plätzchen ausstechen. Diese auf ein mit Backpapier ausgelegtes Backblech legen und in jedes zweite ein kleineres Loch (oder einen Stern) ausstechen.
- Die Plätzchen im Backofen auf mittlerer Schiene etwa 15 Minuten backen. Die Plätzchen mit Loch nach dem Abkühlen mit Puderzucker bestreuen. Marmelade auf die übrigen Plätzchen streichen und die Plätzchen mit dem Loch daraufsetzen.

Weihnachtsbäumchen

Der Hingucker auf dem Plätzchenteller

▶ **Für ca. 25 größere Plätzchen**

gelingt leicht

15 Min. + 1 Std. Ruhezeit + ca. 15 Min. im Backofen + mind. 1 Std. Kühlzeit

Zutaten für 1 Grundrezept Teegebäck (Seite 60) · 2 Msp. Zimtpulver · 1 Msp. Nelken · 1 Msp. Kardamom · 200 g Puderzucker · grüne Lebensmittelfarbe · Zuckerstreusel, vegan · Tannenbaum-Ausstechformen

- Den Teig aus den Grundzutaten herstellen, dabei Zimtpulver, Nelken und Kardamom unterrühren. In Frischhaltefolie wickeln und für etwa 1 Stunde in den Kühlschrank legen.
- Den Backofen auf 200 Grad (Umluft: 180 Grad) vorheizen. Den Teig ausrollen und Tannenbäume ausstechen. Diese auf ein mit Backpapier ausgelegtes Backblech legen und auf mittlerer Schiene etwa 15 Minuten backen.
- Aus dem Puderzucker, etwas Wasser und grüner Lebensmittelfarbe eine streichfähige Glasur herstellen.
- Die gebackenen Tannenbäume mit der grünen Glasur bestreichen und mit Zuckerstreuseln verzieren.

Husarenkrapfen

Nussig-lecker

▶ Für ca. 25 Plätzchen
geht schnell
15 Min. + 1 Std. Ruhezeit + ca. 15 Min. im Backofen + mind. 1 Std. Kühlzeit

Zutaten für 1 Grundrezept Teegebäck (Seite 60) · 50 g blanchierte, gemahlene Mandeln · 100 g Johannisbeergelee · 100 g gehackte Mandeln · etwas Puderzucker zum Bestreuen

- Den Teig aus den Grundzutaten und 50 g blanchierten, gemahlenen Mandeln zubereiten und für etwa 1 Stunde in den Kühlschrank stellen.
- Anschließend ca. 2 cm große Kugeln formen und auf ein mit Backpapier ausgelegtes Backblech geben. Den Backofen auf 200 Grad (Umluft: 180 Grad) vorheizen.
- Mit einem Kochlöffelstiel in jede Teigkugel eine Mulde drücken. Das Johannisbeergelee mithilfe eines Spritzbeutels in die Vertiefung füllen. Die gehackten Mandeln auf den Plätzchen verteilen und diese auf mittlerer Schiene etwa 15 Minuten backen.
- Nachdem Erkalten den Puderzucker über die Husarenkrapfen sieben.

Orangenplätzchen

Fruchtiger Plätzchengenuss

▶ Für ca. 25 Plätzchen
geht schnell
15 Min. + 1 Std. Ruhezeit + ca. 15 Min. im Backofen + mind. 1 Std. Kühlzeit

Zutaten für 1 Grundrezept Teegebäck (Seite 60) · 1 EL Orangenzucker · geriebene Orangenschale · 200 g Puderzucker · 1–2 EL Orangensaft · 100 g gehackte Mandeln

- Den Teig aus den Grundzutaten herstellen und mit Orangenzucker und geriebener Orangenschale verkneten. In Frischhaltefolie wickeln und für etwa 1 Stunde kühl stellen.
- Den Backofen auf 200 Grad (Umluft: 180 Grad) vorheizen. Den Teig ausrollen, Plätzchen ausstechen und im Ofen auf mittlerer Schiene etwa 15 Minuten backen.
- Den Puderzucker mit dem Orangensaft zu einer cremigen Masse verrühren. Die ausgekühlten Plätzchen mit der Puderzuckercreme bestreichen und mit den gehackten Mandeln bestreuen.

Schwarz-Weiß-Schnecken

Ein leckerer Klassiker

▶ **Für ca. 25 größere Plätzchen**
geht schnell
15 Min. + 1½ Std. Ruhezeit + ca. 15 Min. im Backofen + mind. 1 Std. Kühlzeit

Zutaten für 1 Grundrezept Teegebäck (Seite 60) · 1 EL Kakaopulver · ca. 5 EL Haferdrink

- Den Teig aus den Grundzutaten herstellen und in zwei Teile teilen. Unter einen Teil das Kakaopulver kneten. Beide Teige in Frischhaltefolie wickeln und für etwa 1 Stunde kühl stellen.
- Den hellen und den dunklen Teig jeweils zu gleich großen Rechtecken ausrollen. Die Oberfläche des hellen Teiges mit Haferdrink bestreichen und den dunklen Teig darauflegen.
- Nun die Oberfläche des dunklen Teiges mit Haferdrink bestreichen und den Teig zu einer Schnecke einrollen.
- Die Schnecke in Frischhaltefolie wickeln und für etwa 30 Minuten in das Gefrierfach (oder in den Kühlschrank) legen.
- Anschließend den Backofen auf 200 Grad (Umluft: 180 Grad) vorheizen.
- Die Rolle aus der Kühlung nehmen und in 1 cm dicke Scheiben schneiden. Im vorgeheizten Ofen auf mittlerer Schiene etwa 15 Minuten backen.

Brombeermuffins mit Krokantkruste

Außen knackig & nussig, innen weich & saftig!

- Den Backofen auf 200 Grad (Umluft: 180 Grad) vorheizen.
- Margarine schmelzen und mit Zucker, Vanillezucker und Vanillepulver gut verrühren. Etwa die Hälfte des Mineralwassers zufügen und weiterrühren.
- Mehl darübersieben. Backpulver, Puddingpulver, Mandeln und Salz zufügen und alles gut vermischen. Dabei nach und nach das restliche Mineralwasser zufügen.
- Ein Muffinblech mit 12 Papierförmchen auslegen und den Teig einfüllen. Die Brombeeren auf den Muffins verteilen und leicht eindrücken. Die Muffins im Backofen auf mittlerer Schiene 10–12 Minuten backen.
- In der Zwischenzeit die gehackten Mandeln in einem Topf zart anrösten. Den Zucker zufügen und leicht karamellisieren. Zuletzt die Margarine zufügen.
- Den Krokant über die Muffins streuen und diese für weitere 8–10 Minuten backen.

Variante: Versuchen Sie dieses Rezept auch mit frischem Obst. Auch Himbeeren oder Waldbeeren eignen sich hierfür ideal!

▶ **Für 12 Muffins**
gelingt leicht
20 Min. + ca. 20 Min. im Backofen

Für den Rührteig:
100 g vegane Margarine · 150 g Zucker · 1 Pck. Bourbon-Vanillezucker · 1 Msp. Vanillepulver · 200 ml Mineralwasser · 150 g Weizenmehl · ½ Pck. Backpulver · 1 Pck. Puddingpulver Vanille · 50 g Mandeln, blanchiert, gemahlen · 1 Prise Salz · 200 g Brombeeren, tiefgefroren · 1 Muffinblech · 12 Papierförmchen

Für die Dekoration:
50 g Mandeln, gehackt · 50 g Zucker · 1 EL vegane Margarine

Lila Kuhfleckenmuffins mit cremiger Heidelbeerfüllung

Ein Renner auf Kindergeburtstagen!

▶ **Für 12 Muffins**
braucht etwas mehr Zeit
1 Std. + ca. 15 Min. im Backofen + mind. 2 Std. Kühlzeit

2 EL Maisstärke (30 g) · 1 Glas Heidelbeeren (Abtropfgewicht ca. 200 g) · 60 g vegane Margarine · 160 g Zucker · 1 Pck. Bourbon-Vanillezucker · 2 Msp. Vanillepulver · 200 ml Mineralwasser · 200 g Weizenmehl · 1 Pck. Backpulver · 1 Pck. Puddingpulver Vanille · 1 Prise Salz · 1 Muffinblech · 12 Muffinpapierförmchen · 350 g Puderzucker · blaue Lebensmittelfarbe · etwas Saft einer frischen Zitrone · 1 Spritzbeutel

- Die Maisstärke mit 5 Esslöffeln Heidelbeersaft verrühren. 3 Esslöffel Saft für den Guss beiseitestellen. Die Heidelbeeren mit dem restlichen Saft aufkochen und mit der angerührten Stärke abbinden. Die Masse mit Frischhaltefolie abdecken und gut auskühlen lassen.
- Den Backofen auf 180 Grad (Umluft: 170 Grad) vorheizen.
- Die Margarine schmelzen und mit Zucker, Vanillezucker und Vanillepulver gut verrühren. Etwa die Hälfte des Mineralwassers zufügen und weiterrühren. Das Mehl darübersieben. Backpulver, Puddingpulver und Salz zufügen und alles miteinander vermischen. Dabei nach und nach das restliche Mineralwasser zufügen.
- Die Hälfte des Teiges in ein mit Papierförmchen ausgelegtes Muffinblech verteilen. In die Mitte der Muffins den Heidelbeerpudding füllen und den restlichen Teig daraufgeben. Die Muffins im Backofen auf mittlerer Schiene etwa 15 Minuten backen.
- Den Puderzucker sieben. Aus 200 g Puderzucker, ein paar Tropfen blauer Lebensmittelfarbe und etwas Heidelbeersaft eine streichfähige lila Zuckerglasur anrühren. Den restlichen Puderzucker gründlich mit Zitronensaft vermischen.
- Die ausgekühlten Muffins zunächst vollständig mit lila Glasur bestreichen. Den weißen Guss in einen Spritzbeutel füllen und Kuhflecken auf die Muffins malen.

EAT
ME

Bananenmuffins mit Ahornsirup und Mandelkrümeln

Eine süße Verführung mit Biss!

▶ **Für 12 Muffins**

gelingt leicht

20 Min. + ca. 20 Min. im Backofen

Für den Rührteig:

100 g vegane Margarine · 100 g Zucker · 1 Pck. Bourbon-Vanillezucker · ca. 100 g Ahornsirup · 2 Bananen (ungeschält je 150 g) · 300 ml Mineralwasser · 200 g Weizenmehl · 1 Pck. Backpulver · 1 Pck. Puddingpulver Vanille · 1 Prise Salz · Muffinblech · 12 Muffinpapierformen

Für die Mandelkrümel:

50 g Weizenmehl · 50 g gehobelte Mandeln · 1 EL Ahornsirup · 1 EL vegane Margarine

- Den Backofen auf 200 Grad (Umluft: 180 Grad) vorheizen.
- Margarine schmelzen und mit Zucker, Vanillezucker und 50 g Ahornsirup verrühren.
- Die Bananen schälen und 1½ Stück mit einer Gabel fein zerdrücken, dann unter die Masse heben. Etwa die Hälfte des Mineralwassers zufügen und weiterrühren.
- Das Mehl darübersieben. Backpulver, Vanillepuddingpulver und Salz zufügen und alles gut vermischen. Dabei nach und nach das restliche Mineralwasser zufügen. Den Rest der Banane in kleine Würfel schneiden und unter den Teig mischen.
- Den Teig in ein mit Papierförmchen ausgelegtes Muffinblech füllen. In die Mitte der Muffins jeweils 1 Teelöffel Ahornsirup geben. Die Muffins 8–10 Minuten auf mittlerer Schiene backen, bis sich eine festere Oberfläche gebildet hat.
- In der Zwischenzeit die Mandelkrümel zubereiten. Hierfür alle Zutaten miteinander vermischen und gut verkneten. Die Masse auf den Muffins verteilen und diese auf der oberen Schiene in 10–12 Minuten fertig backen.

Gefüllte Makronen

Genießen auf die französische Art!

- Den Backofen auf 170 Grad (Umluft: 150 Grad) vorheizen.
- Für den Teig Margarine, Zucker, Bourbon-Vanillezucker und Vanillepulver vermischen. Marzipan fein reiben und untermengen. Mandelmehl 2- bis 3-Mal durchsieben und hinzufügen.
- Puddingpulver, geriebene Zitronen- oder Orangenschale und Lebensmittelfarbe hinzufügen und alles zu einem Teig verarbeiten.
- Aus dem Teig 12 Kreise formen, an den Seiten flach drücken und auf das Backpapier legen. Ca. 8 Minuten backen.
- Für die Marzipan-Pistazien-Füllung den Puderzucker sieben und mit der Margarine vermischen. Marzipan fein reiben, Schokolade schmelzen und alles zusammen mit der Lebensmittelfarbe und den Pistazien zu einer Creme anrühren.
- Für die Creme-Füllung den Puderzucker mit Margarine, Vanillepulver oder Kakaopulver vermischen.
- Die Makronen auf einer Seite mit der Creme bestreichen und mit einer anderen Makrone bedecken.

▶ **Für ca. 10 Makronen**
gelingt leicht
30 Min. + ca. 8 Min. Backzeit + 1 Std. Kühlzeit

Für den Rührteig:
50 g Margarine · 35 g Zucker · 1 Pck. Bourbon-Vanillezucker · 1 Msp. Vanillepulver · 50 g Marzipan · 100 g Mandelmehl · 1 Pck. Puddingpulver · geriebene Zitronen- oder Orangenschale · Lebensmittelfarbe

Für die Füllungen:

Marzipan-Pistazien-Füllung:
100 g Puderzucker · 40 g Margarine · 50 g Marzipan · 50 g weiße Schokolade, vegan · Lebensmittelfarbe

Creme-Füllung:
100 g Puderzucker · 40 g Margarine · Vanillepulver/Kakaopulver · Lebensmittelfarbe

Fußballmuffins mit Kokosüberraschung

Für kleine (und große) Fußballfans!

- 100 g Kokosfett von der Konserve abschöpfen und schmelzen. Dann mit Zucker, Vanillezucker und Vanillepulver verrühren. 150 ml Kokosmilch hinzufügen und weiterrühren.
- Das Mehl daraufsieben. Backpulver, 1 Päckchen Vanillepuddingpulver, 50 g Kokosflocken, Salz und etwas grüne Lebensmittelfarbe zufügen und alles miteinander vermischen. Den Teig in ein mit Papierförmchen ausgelegtes Muffinblech füllen.
- Den Backofen auf 200 Grad (Umluft: 180 Grad) vorheizen.
- Für die Füllung 5 Esslöffel Haferdrink mit ½ Päckchen Vanillepuddingpulver und 1 Esslöffel Zucker vermischen. Den restlichen Haferdrink aufkochen und mit der angerührten Vanillemasse abbinden.
- 50 g des Vanillepuddings mit 50 g Kokosflocken und 1 Esslöffel Puderzucker vermischen und daraus 12 Kugeln formen. Jeweils eine Kugel in die Mitte eines Muffins setzen und diese im Ofen auf mittlerer Schiene etwa 20 Minuten backen.
- Die Oberfläche der ausgekühlten Muffins mit dem übrigen Vanillepudding bestreichen. Die Margarine schmelzen, die restlichen Kokosflocken darin leicht andünsten und mit etwas Lebensmittelfarbe grün färben. Die Kokosflocken über die Muffins streuen.
- Puderzucker mit Zitronensaft anrühren und in einen Spritzbeutel füllen. Fußballfelder auf die Muffins malen. Die Gummibärchen mit dem Puderzucker auf den Muffins befestigen. Zuletzt die Fähnchen daraufstecken.

▶ Für 12 Muffins

braucht etwas mehr Zeit

1 Std. + ca. 20 Min. im Backofen + mind. 2 Std. Kühlzeit

1 Konserve Kokosmilch · 100 g Zucker · 2 Pck. Bourbon-Vanillezucker · 2 Msp. Vanillepulver · 130 g Weizenmehl · 2 TL Backpulver (ca. 10 g) · 1½ Pck. Puddingpulver Vanille · 200 g Kokosflocken · 1 Prise Salz · grüne Lebensmittelfarbe · 1 Muffinblech · 12 Muffinpapierförmchen · 250 ml Haferdrink · 1 EL Zucker · 30 g vegane Margarine · 250 g Puderzucker · etwas Zitronensaft · 1 Spritzbeutel · 100 g Gummibärchen ohne Gelatine · 12 Länderfähnchen

Gummibärchenmuffins

Beliebt bei großen und kleinen Gummibärchen-Fans

▶ **Für 12 Muffins**
geht schnell
20 Min. + ca. 20 Min. im Backofen

80 g vegane Margarine · 150 g Zucker · 1 Pck. Bourbon-Vanillezucker · Schale einer Bio-Zitrone · 250 ml Haferdrink · 150 g Weizenmehl · 2 TL Backpulver (10 g) · 1 Pck. Puddingpulver Sahne · 100 g Mandeln, blanchiert, gemahlen · 1 Prise Salz · 1 Muffinblech · 12 Muffinpapierförmchen · 200 g Gummibärchen ohne Gelatine · etwas Puderzucker zum Bestäuben

- Den Backofen auf 200 Grad (Umluft: 180 Grad) vorheizen.
- Margarine schmelzen und mit Zucker, Vanillezucker und geriebener Zitronenschale verrühren. Etwa die Hälfte des Haferdrinks zufügen und weiterrühren. Das Mehl darübersieben.
- Backpulver, Puddingpulver, Mandeln und Salz zufügen und alles gut vermischen. Dabei nach und nach den restlichen Haferdrink zufügen.
- Ein Muffinblech mit Papierförmchen auslegen und den Teig einfüllen. Die Gummibärchen auf den Muffins verteilen und teilweise eindrücken.
- Anschließend die Muffins auf mittlerer Schiene etwa 20 Minuten backen. Gut auskühlen lassen und zuletzt mit Puderzucker bestäuben.

Bunte Bananenamerikaner

Fix gemacht, wenn überraschend Besuch kommt

- Den Backofen auf 190 Grad (Umluft: 170 Grad) vorheizen.
- Die Banane schälen und mit einer Gabel zerdrücken. 1 Esslöffel Wasser zufügen und zusammen cremig schlagen. Die Margarine schmelzen und gemeinsam mit Zucker, Vanillezucker und Vanillepulver unterrühren.
- Den Haferdrink zufügen. Das Mehl darübersieben. Backpulver, Puddingpulver und Salz zufügen und alles gut vermischen.
- 10–12 runde Teigkleckse auf ein mit Backpapier ausgelegtes Backblech setzen und im Backofen etwa 15 Minuten backen.
- In der Zwischenzeit den Puderzucker sieben und mit etwas Fruchtsaft eine streichfähige Zuckerglasur anrühren. Die ausgekühlten Amerikaner mit der Glasur bestreichen und mit bunten Zuckerstreuseln bestreuen.

Variante: Anstelle von Haferdrink können Sie jede andere Flüssigkeit verwenden, z. B. Sojamilch, Reismilch oder auch kalten Früchtetee. Schöne, bunte Zuckerglasuren erhalten Sie mit Hilfe von Kirsch-, Heidelbeer- oder Johannisbeersaft. Durch Zugabe von 1 Teelöffel Kakaopulver ergibt sich eine Schokoladenglasur.

▶ Für 10–12 Stück

geht schnell

15 Min. + ca. 15 Min. im Backofen

1 Banane (geschält 100 g) · 100 g vegane Margarine · 75 g Zucker · 1 Pck. Bourbon-Vanillezucker · 1 Msp. Vanillepulver · 75–100 ml Haferdrink · 250 g Weizenmehl · 2 TL Backpulver (10 g) · 2 Pck. Puddingpulver, z. B. Vanille, Schokolade, Erdbeere, Karamell · 1 Prise Salz · 200 g Puderzucker · 2 EL Fruchtsaft · bunte Zuckerstreusel, vegan

Bunte Kokos-Biskuit-Spiralen

Ein Hingucker fürs Buffet

▶ **Für 12 Spiralen**

braucht etwas mehr Zeit

1 Std. + ca. 20 Min. im Backofen + mind. 5 Std. Kühlzeit

Für den Rührteig:

80 g vegane Margarine · 150 g Zucker · 2 Pck. Bourbon-Vanillezucker · 1 Msp. Vanillepulver · 250 ml Mineralwasser · 250 g Weizenmehl · 2 TL Backpulver (ca. 10 g) · 50 g Kokosflocken · 1 Prise Salz · 1 Pck. Puddingpulver Vanille · 1 Pck. Puddingpulver Erdbeere · 2 Spritzbeutel

Für die Füllung und die Dekoration:

200 g Erdbeerkonfitüre · 150 g Puderzucker · etwas Zitronensaft oder Wasser · 100 g Kokosflocken

- Den Backofen auf 200 Grad (Umluft: 180 Grad) vorheizen.
- Margarine schmelzen und mit Zucker, Vanillezucker und Vanillepulver verrühren. Etwa die Hälfte des Mineralwassers zufügen und weiterrühren.
- Das Mehl darübersieben. Backpulver, Kokosflocken und Salz zufügen und alles miteinander vermischen. Dabei nach und nach das restliche Mineralwasser zufügen.
- Die Hälfte des Teiges in eine separate Schüssel füllen. In eine Hälfte des Teiges das Vanillepuddingpulver rühren und in die andere das Erdbeerpuddingpulver.
- Die Teige in zwei Spritzbeutel füllen und abwechselnd in Streifen auf ein mit Backpapier ausgelegtes Backblech spritzen. Den Kuchen im Ofen auf mittlerer Schiene etwa 20 Minuten backen.
- Den Kuchen leicht auskühlen lassen und mit der Erdbeerkonfitüre bestreichen. Mit Hilfe des Backpapiers einrollen und gut befestigen. Über mehrere Stunden kühl stellen.
- Den Puderzucker mit etwas Zitronensaft oder Wasser anrühren. Die Biskuitrolle in 12 Scheiben schneiden. Die Ränder der Biskuitspiralen mit Puderzuckerglasur bestreichen und in den Kokosflocken wälzen. Die Spiralen für weitere 30 Minuten trocknen lassen.

Mini-Schoko-Kuchen aus der Mikrowelle

Eine schnelle Kleinigkeit für spontane Gäste

▶ **Für 8–10 Minikuchen**
geht schnell
10 Min. + ca. 6–8 Min. in der Mikrowelle

40 g vegane Margarine · 100 g Zucker · 1 Pck. Bourbon-Vanillezucker · 100 ml Mineralwasser · 140 g Weizenmehl · ½ Pck. Backpulver · ½ Pck. Puddingpulver Schokolade · 1 TL Kakaopulver · 1 Prise Salz · 75 ml Sauerkirschsaft (Konserve/Glas) · 75 g Sauerkirschen, abgetropft (Konserve/Glas) · 8–10 mikrowellengeeignete Kuchenförmchen · etwas Puderzucker zum Bestäuben

- Den Backofen auf 200 Grad (Umluft: 180 Grad) vorheizen.
- Margarine schmelzen und mit Zucker und Vanillezucker verrühren. Das Mineralwasser zufügen und weiterrühren. Das Mehl darübersieben.
- Backpulver, Schokoladenpuddingpulver, Kakaopulver und Salz zufügen und alles gut vermischen. Dabei nach und nach den Kirschsaft zufügen. Die Sauerkirschen unter den Teig heben.
- Mikrowellengeeignete Kuchenförmchen einfetten und leicht bemehlen. Den Teig einfüllen und die Förmchen bei etwa 800 Watt 6–8 Minuten backen. Die Törtchen in der Mikrowelle immer wieder beobachten, da die Garzeit variieren kann.
- Die Törtchen vor dem Servieren mit etwas Puderzucker bestäuben. Sie schmecken am besten warm, direkt aus der Mikrowelle!

Bergspitzen

Knusprig-schokoladig

- Den Backofen auf 200 Grad (Umluft: 180 Grad) vorheizen.
- Für den Biskuitboden die Margarine schmelzen und mit Zucker, Vanillezucker und Vanillepulver verrühren. Den Haferdrink zufügen und weiterrühren.
- Das Mehl darübersieben. Backpulver, Vanillepuddingpulver und Salz zufügen und alles miteinander vermischen. Den Teig dünn auf ein mit Backpapier ausgelegtes Backblech streichen und 5–10 Minuten backen.
- In der Zwischenzeit den Teig für die Bergspitzen zubereiten. Hierfür den Apfel schälen und reiben. Die Margarine schmelzen und mit Zucker und Vanillezucker verrühren. Den Haferdrink zufügen und weiterrühren. Das Mehl darübersieben. Backpulver, Schokoladenpuddingpulver, Kakaopulver und Salz zufügen und alles verkneten. Kleine Bergspitzen (Bodendurchmesser ca. 6–8 cm) formen und im Ofen auf mittlerer Schiene etwa 20 Minuten backen.
- Mit einem Glas (Durchmesser ca. 6–8 cm) aus dem Biskuitteig 8–10 Kreise ausstechen.
- Den Puderzucker mit dem Zitronensaft zu einer Creme anrühren und die Biskuitkreise damit bestreichen. Die ausgekühlten Bergspitzen auf die Kreise setzen. Der übrigen Puderzuckercreme das Kakaopulver zufügen. Die Creme sollte leicht flüssig sein. Die Bergspitzen in die Glasur eintunken und mit den Kokosraspeln bestreuen.

▶ **Für 8–10 Bergspitzen**
braucht etwas mehr Zeit
1 Std. + ca. 30 Min. im Backofen + mind. 2 Std. Kühlzeit

Für den Biskuitboden:
75 g vegane Margarine · 75 g Zucker · 1 Pck. Vanillezucker · 2 Msp. Vanillepulver · 125 ml Haferdrink · 100 g Mehl · 1 TL Backpulver · ½ Pck. Puddingpulver Vanille · 1 Prise Salz

Für den Bergspitzen-Teig:
1 großer Apfel · 100 g vegane Margarine · 100 g Zucker · 2 Pck. Vanillezucker · 50 ml Haferdrink · 350 g Mehl · 2 TL Backpulver · 1 Pck. Puddingpulver Schokolade · 2 TL Kakaopulver · 1 Prise Salz

Für die Glasur:
300 g Puderzucker · etwas Zitronensaft · 3 TL Kakaopulver · 100 g Kokosflocken

Zitronen-Heidelbeer-Küchlein aus dem Glas

Der ideale Party-Snack!

▶ **Für 8–10 Minikuchen gut vorzubereiten**
15 Min. + ca. 25 Min. im Backofen + mind. 1 Std. Kühlzeit
60 g vegane Margarine · 200 g Zucker · 1 Pck. Bourbon-Vanillezucker · Schale einer unbehandelten Zitrone · 300 ml Mineralwasser · 250 g Weizenmehl · 1 Pck. Backpulver · 2 Pck. Puddingpulver Vanille · 1 Prise Salz · 50 ml Zitronensaft (1–2 Zitronen) · 250 g Heidelbeeren, tiefgefroren · 8–10 feuerfeste Gläser (z. B. Marmeladengläser, Füllmenge ca. 150 ml) · etwas Puderzucker zum Bestäuben

- Den Backofen auf 200 Grad (Umluft: 180 Grad) vorheizen.
- Margarine schmelzen und mit Zucker, Vanillezucker und geriebener Zitronenschale gut verrühren. Mineralwasser zufügen und weiterrühren.
- Mehl darübersieben. Backpulver, Puddingpulver und Salz zufügen und alles miteinander vermischen. Dabei nach und nach den Zitronensaft zufügen. Zuletzt die Heidelbeeren unterheben.
- Die Gläser einfetten und leicht bemehlen. Den Kuchenteig einfüllen und im Backofen auf mittlerer Schiene etwa 25 Minuten backen. Nach etwa 10 Minuten die Küchlein mit Alufolie abdecken.
- Die Küchlein im Glas gut auskühlen lassen und vor dem Servieren mit etwas Puderzucker bestäuben.

Tipp

Die Minikuchen nicht aus den Formen stürzen, sondern als Löffeldesserts genießen! Sie gelingen auch in feuerfesten Kaffeetassen.

Erdbeertütchen mit Vanillecreme

Erfrischend-fruchtig!

▶ **Für 6 Stück**
braucht etwas mehr Zeit
1 Std. + 10–15 Min. im Backofen + mind. 4 Std. Kühlzeit

Für den Rührteig:
80 g vegane Margarine · 140 g Zucker · 2 Pck. Bourbon-Vanillezucker · 2 Msp. Vanillepulver · 250 ml Mineralwasser · 200 g Weizenmehl · 2 TL Backpulver (ca. 10 g) · 1 Pck. Puddingpulver Vanille · 1 Prise Salz · etwas Puderzucker zum Bestäuben

Für die Füllung:
250 ml Haferdrink Vanille · ½ Pck. Vanillepuddingpulver · 1 EL Zucker (ca. 20 g) · 50 g vegane Margarine · 300 g frische Erdbeeren

- Den Backofen auf 200 Grad (Umluft: 180 Grad) vorheizen.
- Für den Rührteig die Margarine schmelzen und mit Zucker, Vanillezucker und Vanillepulver gut verrühren. Das Mineralwasser zufügen und weiterrühren. Das Mehl darübersieben. Backpulver, Vanillepuddingpulver und Salz zufügen und alles gut vermischen.
- Ein Drittel des Teiges in zwei kleinen Kreisen auf ein mit Backpapier ausgelegtes Backblech geben und im Ofen auf mittlerer Schiene backen. Nach und nach den restlichen Teig abbacken. Insgesamt erhalten Sie 6 Teigkreise.
- In der Zwischenzeit die Füllung zubereiten: Puddingpulver und Zucker mit 3 Esslöffeln Haferdrink gut verrühren. Den restlichen Haferdrink zum Kochen bringen. Von der Kochstelle nehmen und das angerührte Puddingpulver unter ständigem Rühren hinzufügen und nochmals kurz aufkochen lassen. Die Margarine unterrühren und den Pudding mit Frischhaltefolie abdecken.
- Die Erdbeeren waschen, putzen und in kleine Stücke schneiden. Die ausgekühlten Teigkreise vom Backpapier lösen und auf einen Gefrierbeutel legen. Etwas Vanillepudding daraufstreichen und die Erdbeeren darauflegen. Von rechts und links jeweils mit Hilfe des Gefrierbeutels die Tütchen einschlagen und fest drücken. Mit den restlichen Tütchen genauso vorgehen. Die Tütchen mehrere Stunden kühl lagern und zuletzt mit etwas Puderzucker bestreuen.

Süße Cremeschnitten

Mit Schoko oder Vanille – einfach lecker!

- Den Backofen auf 200 Grad (Umluft: 180 Grad) vorheizen.
- Öl mit 220 g Zucker und dem Vanillezucker gut verrühren. Etwa die Hälfte des Mineralwassers zufügen und weiterrühren. Das Mehl darübersieben. Backpulver, Schokoladenpuddingpulver, Kakaopulver und Salz zufügen und alles miteinander vermischen. Dabei nach und nach das restliche Mineralwasser zufügen.
- Die Hälfte des Teiges auf ein mit Backpapier ausgelegtes Backblech streichen und im Ofen auf mittlerer Schiene etwa 15 Minuten backen. Danach die zweite Hälfte des Teiges genauso backen.
- 5 Esslöffel Haferdrink mit Sahnepuddingpulver und 60 g Zucker vermischen. Die restliche Flüssigkeit aufkochen und mit der angerührten Sahnemasse abbinden. Die Margarine unter den Pudding mischen und diesen mit Frischhaltefolie abdecken und abkühlen lassen.
- Eine Schicht des Schokoladenkuchens vom Backpapier lösen. Den Sahnepudding daraufstreichen und eine Stunde auskühlen lassen. Den zweiten Kuchen vom Backpapier lösen und daraufsetzen. Mehrere Stunden an einem kühlen Ort ruhen lassen und dann in kleine Schnittchen schneiden.

Variante: Für Vanilleschnittchen bereiten Sie einen Vanilleteig zu, indem Sie statt Schokoladenpuddingpulver Vanillepuddingpulver und etwas Vanillepulver verwenden. Für die Füllung können Sie anstelle des Sahnepuddings Vanillepudding nehmen.

▶ **Für 20–40 Häppchen – je nach Größe**

gelingt leicht

20 Min. + ca. 30–35 Min. im Backofen + mind. 3 Std. Kühlzeit

120 ml Sonnenblumenöl · 280 g Zucker · 2 Pck. Bourbon-Vanillezucker · 400–450 ml Mineralwasser · 300 g Weizenmehl · 4 TL Backpulver (ca. 20 g) · 2 Pck. Puddingpulver Schokolade · 2 TL Kakaopulver · 1 Prise Salz · 750 ml Haferdrink · 1½ Pck. Puddingpulver Sahne · 50 g vegane Margarine

Multivitamintörtchen

Kleine, fruchtige Vitaminbomben

- Den Backofen auf 200 Grad (Umluft: 180 Grad) vorheizen.
- Margarine schmelzen und mit Zucker, Vanillezucker und geriebener Orangenschale verrühren. Den Multivitaminsaft zufügen und weiterrühren. Das Mehl darübersieben. Backpulver, Puddingpulver und Salz zufügen und alles gut vermischen.
- Den Teig auf ein mit Backpapier ausgelegtes Backblech streichen und etwa 20 Minuten backen.
- Für die Vanillecreme Puddingpulver und Zucker mit ca. 5 Esslöffeln kaltem Haferdrink gut verrühren. Den restlichen Haferdrink zum Kochen bringen. Von der Kochstelle nehmen und das angerührte Puddingpulver unter ständigem Rühren hinzufügen und nochmals kurz aufkochen lassen. Mit Frischhaltefolie abdecken und kurz auskühlen lassen.
- Für die Multivitamincreme das Puddingpulver mit ca. 10 Esslöffeln Multivitaminsaft gut verrühren. Den restlichen Saft zum Kochen bringen, von der Kochstelle nehmen und das angerührte Puddingpulver unter ständigem Rühren hinzufügen und nochmals kurz aufkochen lassen. Mit Frischhaltefolie abdecken und kurz auskühlen lassen.
- Zunächst den Vanillepudding dünn auf den ausgekühlten Rührkuchen streichen. 15 Minuten erkalten lassen und danach die Multivitamincreme daraufstreichen. Den Kuchen mehrere Stunden kühl stellen und dann in kleine Schnittchen schneiden oder Kreise ausstechen.

▶ **Für 30–40 Mini-Kuchenstücke**

gelingt leicht

50 Min. + ca. 20 Min. im Backofen + 2 Std. Kühlzeit

Für den Rührteig:
80 g vegane Margarine · 180 g Zucker · 1 Pck. Bourbon-Vanillezucker · geriebene Schale einer Bio-Orange · 300 ml Multivitaminsaft · 200 g Weizenmehl · 1 Pck. Backpulver · 2 Pck. Puddingpulver Vanille · 1 Prise Salz

Für die Vanillecreme:
500 ml Haferdrink · 1 Pck. Puddingpulver Vanille · 2 EL Zucker

Für die Multivitamincreme:
1 Liter Multivitaminsaft · 2 Pck. Puddingpulver Vanille

Cupcakes »Birne Helene«

Schokoladig-fruchtig, schmecken frisch am besten

Für 12 Muffins

braucht etwas mehr Zeit

1 Std. + ca. 15 Min. im Backofen + mind. 2 Std. Kühlzeit

80 g vegane Margarine · 190 g Zucker · 1 Pck. Bourbon-Vanillezucker · 800 ml Haferdrink Schokolade · 250 g Weizenmehl · ½ Pck. Backpulver · 1 EL Kakaopulver · 1 Prise Salz · 1 Muffinblech · 12 Muffinpapierformen · 1 Pck. Puddingpulver Schokolade · 12 Birnenhälften (Konserve) · 100 g gehobelte Mandeln

- Den Backofen auf 200 Grad (Umluft: 180 Grad) vorheizen.
- Die Margarine schmelzen und mit 150 g Zucker und dem Vanillezucker verrühren. Etwa 200 ml Haferdrink zufügen und weiterrühren.
- Das Mehl darübersieben. Backpulver, Kakaopulver und Salz zufügen und alles miteinander vermischen. Dabei nach und nach weitere 100 ml Haferdrink zufügen.
- Den Teig in ein mit Papierförmchen ausgelegtes Muffinblech füllen und etwa 15 Minuten backen.
- In der Zwischenzeit 5 Esslöffel Haferdrink mit dem Schokoladenpuddingpulver und dem restlichen Zucker vermischen. Den übrig gebliebenen Haferdrink aufkochen und mit dem angerührten Puddingpulver abbinden. Den Pudding mit Frischhaltefolie abdecken und abkühlen lassen.
- Die Muffins gut auskühlen lassen. Die Birnenhälften rund schneiden und auf die Muffins setzen. Diese dann mit dem Schokoladenpudding bestreichen und mit den gehobelten Mandeln bestreuen.
- Die Cupcakes kühl genießen.

Vanille-Cookie-Cupcakes

Widerstand zwecklos!

- Alle Zutaten für den Keksteig miteinander verkneten, den Teig in Frischhaltefolie wickeln und mindestens 1 Stunde im Kühlschrank lagern.
- Den Backofen auf 200 Grad (Umluft: 180 Grad) vorheizen. Den Teig ausrollen und aus der Hälfte verschieden große Plätzchen ausstechen. Den restlichen Teig zu einem Rechteck ausrollen, alles auf ein mit Backpapier ausgelegtes Backblech legen und auf mittlerer Schiene 15–20 Minuten backen.
- Für den Rührteig Margarine, Zucker, Vanillezucker und Vanillepulver verrühren. Den Haferdrink unterrühren und das Mehl daraufsieben. Backpulver, Puddingpulver und Salz zufügen und weiter kräftig rühren. Zuletzt etwas Mineralwasser zufügen.
- Die Kekse auskühlen lassen, das Teig-Rechteck in kleine Stücke hacken und unter den Rührteig geben. Den Teig in ein mit 12 Papierförmchen ausgelegtes Muffinblech füllen und etwa 15 Minuten backen.
- Puderzucker, Kakaopulver und etwas Wasser zu einer cremigen Masse verrühren und die restlichen Plätzchen damit bestreichen. Mit den Zuckerstreuseln bestreuen.
- Puddingpulver und Zucker mit etwa 5 Esslöffeln Haferdrink gut verrühren. Die restliche Flüssigkeit zum Kochen bringen. Von der Kochstelle nehmen und mit dem angerührten Puddingpulver abbinden. Margarine unterrühren und mit Frischhaltefolie abgedeckt auskühlen lassen.
- Die ausgekühlte Puddingcreme in einen Spritzbeutel füllen und die Cupcakes damit verzieren. Die Kekse daraufsetzen und über mehrere Stunden kühl stellen.

▶ **Für 12 Cupcakes**
braucht etwas mehr Zeit
90 Min. + ca. 30 Min. im Backofen + mind. 3 Std. Kühlzeit

Für den Keksteig:
100 g Mehl · 70 g Zucker · 1 Pck. Vanillezucker · 70 g Margarine · 2 TL Kakaopulver · ½ TL Backpulver

Für den Rührteig:
60 g Margarine · 150 g Zucker · 1 Pck. Vanillezucker · 2 Msp. Vanillepulver · 200 ml Haferdrink Vanille · 150 g Mehl · 2 TL Backpulver · 2 Pck. Puddingpulver Vanille · 1 Prise Salz · 3 EL Mineralwasser

Für die Dekoration:
100 g Puderzucker · 1 TL Kakaopulver · bunte Zuckerstreusel · 1 Pck. Puddingpulver Vanille · 2 EL Zucker · 450 ml Haferdrink Vanille · 75 g Margarine

Cupcakes zum Valentinstag

Mit kleiner Überraschung – für Frischverliebte!

▶ **Für 12 Cupcakes**
braucht etwas mehr Zeit
45 Min. + ca. 30 Min. im Backofen + mind. 3 Std. Kühlzeit

Für den Rührteig:
120 g Margarine · 200 g Zucker · 3 Pck. Vanillezucker · 2 Msp. Vanillepulver · 300 ml Haferdrink · 100 g gemahlene Mandeln · 200 g Mehl · 1 Pck. Backpulver · 1 Pck. Puddingpulver Vanille · 1 Prise Salz · ca. 3 EL roter Fruchtsaft (z. B. Kirsche, Heidelbeere) · rote Lebensmittelfarbe · 1 Muffinblech · 12 Muffinpapierförmchen · herzförmige Ausstechform

Für die Dekoration:
1 Pck. Erdbeerpuddingpulver · 2 EL Zucker · 500 ml Haferdrink · 1 EL Margarine · bunter Dekorglitter (essbar)

- Den Backofen auf 200 Grad (Umluft: 180 Grad) vorheizen.
- Margarine schmelzen und mit Zucker, Vanillezucker und Vanillepulver gut verrühren. 250 ml Haferdrink zufügen und weiterrühren. Mandeln, Mehl, Backpulver, Puddingpulver und Salz zufügen und alles vermischen.
- Ein Drittel des Teiges in eine separate Schüssel geben, mit Fruchtsaft und roter Lebensmittelfarbe einfärben. Den Teig in eine eingefettete und leicht bemehlte Kuchenform (ca. 20 x 20 cm) geben und im Ofen auf mittlerer Schiene 10–15 Minuten backen. Dem restlichen Teig 50 ml Haferdrink zufügen und den Teig in ein Muffinblech mit 12 Papierförmchen füllen.
- Den roten Kuchenteig abkühlen lassen. 12 kleine Herzen ausstechen und in die Mitte der Muffins stecken.
- Achtung: Merken Sie sich, in welcher Richtung Sie die Herzchen hineingesetzt haben, damit später, wenn die Cupcakes aufgeschnitten werden, die Herzform ersichtlich wird! Die Muffins im Ofen 15 Minuten backen.
- Puddingpulver und Zucker mit etwa 5 Esslöffeln Haferdrink gut verrühren. Den restlichen Haferdrink zum Kochen bringen. Von der Kochstelle nehmen und das angerührte Puddingpulver unter ständigem Rühren hinzufügen und nochmals kurz aufkochen lassen. Die Margarine unterrühren. Den Pudding mit Frischhaltefolie abdecken und abkühlen lassen.
- Die abgekühlte Masse in einen Spritzbeutel füllen und die Cupcakes damit verzieren. Zum Schluss mit buntem Glitter oder Zuckerstreuseln garnieren.

Kaffeegebäck aus Hefeteig

Das Grundrezept für vielerlei Hefeteilchen

▶ **Für 10–20 Teilchen, je nach Größe**
preisgünstig
1½ Std. + ca. 15–25 Min. im Backofen + mind. 1 Std. Kühlzeit

Für den Hefeteig:
500 g Weizenmehl · 1 Würfel frische Hefe oder 1 Packung Trockenhefe · 80 g Zucker · ca. 350 ml Haferdrink, lauwarm · 1 Packung Bourbon-Vanillezucker · 2 Msp. Vanillepulver · Schale einer geriebenen unbehandelten Zitrone · 50 g vegane Margarine

Für Igelchen:
ca. 20 Rosinen

Für Schoko- oder Rosinenbrötchen:
150 g Rosinen oder 150 g Schokolade

- Das Mehl in eine Schüssel sieben und in die Mitte eine Mulde drücken. Die Hefe hineinbröckeln, eine Prise Zucker daraufgeben und etwas warmen Haferdrink darübergießen. Die Mulde mit etwas Mehl vom Rand bedecken und 15 Minuten gehen lassen.
- Danach die restlichen Zutaten zufügen und alles zu einem Teig verkneten. Den Teig etwa 45 Minuten ruhen lassen.
- Den Backofen auf 200 Grad (Umluft: 180 Grad) vorheizen.
- Aus diesem Grundrezept können Sie die leckersten süßen Teilchen herstellen. Lassen Sie sich von den Vorschlägen auf dieser und der nächsten Seite inspirieren. Die Teilchen im Backofen auf mittlerer Schiene je nach Größe 15–25 Minuten backen und während des Backvorgangs mehrfach mit Haferdrink bestreichen.
- **Mini-Croissants:** Für Croissants den Hefeteig dünn ausrollen und gleich große Dreiecke daraus schneiden. Die breite Seite zur Spitze des Dreiecks hin 1 cm einschneiden, den Teig vorsichtig aufrollen und halbmondförmig biegen.
- **Igelchen:** Den Teig in 10 Teile teilen und kleine Igel mit spitzer Nase formen. Jeweils 2 Rosinen als Augen hineindrücken. Mit Hilfe einer Schere die Igelchen mehrfach von allen Seiten einschneiden, um eine Stachelform zu erreichen.
- **Schoko- oder Rosinenbrötchen:** Für Schokobrötchen die Schokolade hacken. Den Teig mit den Rosinen oder der Schokolade verkneten und 10 Brötchen formen.

Noch mehr Kaffeegebäck

Klein aber fein!

- **Puddingkreise:** Den Teig aus den Grundzutaten herstellen und in 10 Stücke teilen. Jedes Stück zu einer etwa 1½ cm dicken Rolle ausrollen. Die beiden Enden eines Stücks zusammendrücken und die – nun doppelt liegende – Rolle ähnlich wie einen Zopf ineinander verdrehen. So mit allen 10 Stücken verfahren. Die Enden eines Zopfs zusammendrücken, sodass ein Kreis entsteht, und die Kreise auf Backoblaten legen und wie im Grundrezept beschrieben backen. Danach die Teigkreise erkalten lassen. Den Vanillepudding mit einem Spritzbeutel hineinfüllen und den Teigrand mit Puderzuckerglasur bestreichen. Die Puddingkreise kühl lagern.
- **Mohn- oder Kokosschnecken:** Den Teig aus den Grundzutaten herstellen und dünn zu einem Quadrat ausrollen. Für die Füllung Vanillepudding mit Mohn bzw. Kokosflocken und Zucker vermischen und auf den Teig streichen. Den Teig einrollen, kleine Schnecken daraus schneiden und wie im Grundrezept beschrieben backen. Danach die Schnecken mit Puderzuckerglasur bestreichen.
- **Nuss- oder Marzipan-Striezel:** Den Teig aus den Grundzutaten herstellen und zu einem Rechteck ausrollen. Für die Füllung den Pudding mit Nüssen und Zucker bzw. nur mit Marzipan vermischen und auf den Teig streichen. Den Teig einrollen und danach längs halbieren. Je nach Länge des Teiges können Sie diesen noch 1–2-mal quer durchschneiden. Es entstehen kleine Striezel, die Sie mit den Händen noch etwas rollen können. Puderzucker und Zitronensaft zu einer Creme verrühren und die Striezel nach dem Backen damit bestreichen.

▶ **Für 10–20 Teilchen, je nach Größe**
preisgünstig
1½ Std. + ca. 15–25 Min. im Backofen + mind. 1 Std. Kühlzeit

Zutaten für 1 Grundrezept Hefeteig (Seite 88)

Für Puddingkreise:
500 g Vanillepudding, fertig oder selbst zubereitet · Backoblaten

Für Mohn- oder Kokosschnecken:
250 g Vanillepudding, fertig oder selbst zubereitet · 100 g Mohn oder Kokosflocken · 2 EL Zucker (40 g)

Für Nuss- oder Marzipan-Striezel:
250 g Vanillepudding, fertig oder selbst zubereitet · 200 g gemahlene Nüsse und 2 EL Zucker (40 g) oder nur 200 g Marzipan · 200 g Puderzucker · etwas Zitronensaft

Gefüllte Schokokugeln

Werden Sie zum Chocolatier!

- Den Backofen auf 200 Grad (Umluft: 180 Grad) vorheizen.
- 100 g Margarine schmelzen und mit Zucker und Vanillezucker verrühren. Etwa die Hälfte des Haferdrinks zufügen und weiterrühren.
- Das Mehl darübersieben. Backpulver, Schokoladenpuddingpulver, Kakaopulver und Salz zufügen und alles miteinander vermischen. Dabei nach und nach den restlichen Haferdrink zufügen.
- Den Teig in eine eingefettete und leicht bemehlte Kastenform von 25 cm Länge geben und im Ofen auf mittlerer Schiene etwa 20 Minuten backen. Sobald sich auf dem Kuchen eine feste Oberfläche gebildet hat, diesen für die restliche Backzeit mit Alufolie gut abdecken.
- Den ausgekühlten Kuchen mit den Händen zerkrümeln. Die übrige Margarine zufügen und alles gut miteinander verkneten. Aus dem Teig runde Kreise formen, jeweils einen Löffel Kirschkonfitüre daraufsetzen und zu einer Kugel formen. Die Kugeln in Kakaopulver wenden.

▶ Für 8 tennisballgroße Kugeln

braucht etwas mehr Zeit

45–60 Min. + ca. 20 Min. im Backofen + mind. 1 Std. Kühlzeit

250 g vegane Margarine · 180 g Zucker · 1 Pck. Bourbon-Vanillezucker · 400 ml Haferdrink Schokolade · 200 g Weizenmehl · 1 Pck. Backpulver · 2 Pck. Puddingpulver Schokolade · 2 EL Kakaopulver · 1 Prise Salz · 100 g Kirschkonfitüre · 3 EL Kakaopulver

Tipp

Besonders dekorativ servieren Sie diese schokoladigen Kuchenkugeln, indem Sie sie in bunte Muffinpapierförmchen setzen.

Marzipan-Kuchen-Kugeln

Hier kommen Marzipanfans auf ihre Kosten.

▶ **Für 8 tennisballgroße Kugeln**

braucht etwas mehr Zeit

45–60 Min. + ca. 20 Min. im Backofen + mind. 1 Std. Kühlzeit

230 g vegane Margarine · 160 g Zucker · 1 Pck. Bourbon-Vanillezucker · 300 ml Mineralwasser · 275 g Weizenmehl · 1 Pck. Backpulver · 2 Pck. Puddingpulver Vanille · 1 Prise Salz · 150 g veganes Marzipan · 2 EL Rum · 2 EL Kakaopulver · 100 g Puderzucker

- Den Backofen auf 200 Grad (Umluft: 180 Grad) vorheizen.
- 80 g Margarine schmelzen und mit Zucker und Vanillezucker verrühren. Etwa die Hälfte des Mineralwassers zufügen und weiterrühren.
- Das Mehl darübersieben. Backpulver, Vanillepuddingpulver und Salz zufügen und alles miteinander vermischen. Dabei nach und nach das restliche Mineralwasser zufügen.
- 50 g Marzipan fein raspeln und unter den Teig rühren.
- Den Teig in eine eingefettete und leicht bemehlte Kastenform von 25 cm Länge geben und im Ofen auf mittlerer Schiene etwa 20 Minuten backen. Sobald sich auf dem Kuchen eine feste Oberfläche gebildet hat, diesen für die restliche Backzeit mit Alufolie gut abdecken.
- Den ausgekühlten Kuchen mit den Händen zerkrümeln. Die übrige Margarine sowie den Rum zufügen und alles gut miteinander verkneten.
- Aus dem restlichen Marzipan 8–10 kleine Kugeln rollen und diese im Kakaopulver wenden. Die Marzipankugeln auf den Teig legen und runde Kuchenkugeln formen. Diese in Puderzucker wenden.

Fruchtige Mandel-Marzipan-Biskuittörtchen

Ein Traum für Süßschnäbel

- Den Backofen auf 200 Grad (Umluft: 180 Grad) vorheizen.
- Öl, Zucker und Vanillezucker vermischen. Marzipan fein reiben und unter Rühren hinzufügen. Mineralwasser und Orangensaft ebenfalls unter Rühren hinzufügen.
- Anschließend Weizenmehl, Mandelpuddingpulver, Backpulver und Salz zufügen und alles zu einem Teig verarbeiten.
- Die Törtchenformen einfetten und leicht bemehlen. Den Teig hineinfüllen und auf mittlerer Schiene 12–15 Minuten backen.
- In der Zwischenzeit das restliche Marzipan dünn ausrollen. Mit einer Tasse 10 runde Kreise mit demselben Durchmesser der Törtchen ausstechen. Die Marzipankreise auf die leicht warmen Törtchen setzen. Die Früchte auf die Törtchen setzen.
- 5 EL des Fruchtsaftes mit dem Sahnepuddingpulver und dem Zucker vermischen. Den restlichen Fruchtsaft aufkochen und mit der angerührten Masse abbinden. Die Törtchen mit der Masse überziehen und etwa 1 Stunde auskühlen lassen.

▶ **Für ca. 10 Törtchen (∅ 10 cm)**
gelingt leicht
30 Min. + ca. 12-15 Min. Backzeit + ca. 1 Std. Kühlzeit

Für den Teig:
60 g Sonnenblumenöl · 150 g Zucker · 1 Pck. Bourbon-Vanillezucker · 400 g Marzipan · 200 ml Mineralwasser · 150 ml Orangensaft · 250 g Weizenmehl · 2 Pck. Mandelpuddingpulver · 1 Pck. Backpulver · 1 Prise Salz ·

Für den Belag:
1 Konserve Früchte (z.B. Kirschen, Mirabellen) oder ca. 500-700 g frische Früchte · 500 ml Fruchtsaft, klar · 1 Pck. Sahnepuddingpulver · 40 g Zucker

Saftiger Rüblikuchen

Ein Klassiker im Kastenformat!

▶ **Für 12 Stücke**

braucht etwas mehr Zeit

40 Min. + ca. 1 Std. im Backofen + mind. 4 Std. Kühlzeit

60 g vegane Margarine · 160 g Zucker · 1 Pck. Bourbon-Vanillezucker · Schale einer unbehandelten Orange · 300 ml Mineralwasser · 200 g Möhren · 100 g Weizenmehl · 1 Pck. Backpulver · 50 g Mais- oder Weizenstärke · 200 g Mandeln, gemahlen · 1 Prise Salz · 250 g Puderzucker · etwas Orangensaft · 12 Zuckermöhrchen · 20 g gehackte Pistazien

- Margarine schmelzen und mit Zucker, Vanillezucker und geriebener Orangenschale gut verrühren. Etwa die Hälfte des Mineralwassers zufügen und weiterrühren.
- Den Backofen auf 200 Grad (Umluft: 180 Grad) vorheizen. Die Möhren schälen und fein raspeln.
- Das Mehl über die Fett-Zucker-Mischung sieben. Backpulver, Stärke, gemahlene Mandeln, Möhrenraspel und Salz zufügen und alles miteinander vermischen. Dabei nach und nach das restliche Mineralwasser zufügen.
- Eine Kastenform von 25 cm Länge einfetten und leicht bemehlen. Den Teig hineingeben und auf mittlerer Schiene etwa 1 Stunde backen. Sobald sich auf dem Kuchen eine feste Oberfläche gebildet hat, diesen für die restliche Backzeit mit Alufolie abdecken.
- Den Puderzucker sieben und mit Orangensaft zu einer streichfähigen Masse verrühren. Den ausgekühlten Kuchen bestreichen. Mit Zuckermöhrchen und gehackten Pistazien verzieren. Mehrere Stunden kühl stellen.

KLASSIKER

Napfkuchen mit Rosinen und Kirschen

Kaffee oder Tee dazu?

▶ **Für 20–24 Stücke**
preisgünstig
25 Min. + ca. 1¼ Std. im Backofen + mind. 5 Std. Kühlzeit

Für den Rührteig:
150 g vegane Margarine · 300 g Zucker · 2 Pck. Bourbon-Vanillezucker · 2 Msp. Vanillepulver · 550 ml Mineralwasser · 550 g Weizenmehl · 2 Pck. Backpulver · 2 Pck. Puddingpulver Vanille · 1 Prise Salz · 100 g Rosinen · 1 Glas Sauerkirschen, abgetropft (Einwaage ca. 350 g)

Für die Dekoration:
Kirschsaft aus dem Glas und Wasser (insgesamt 500 ml) · 1 Pck. Puddingpulver Vanille · 2 EL Zucker

- Den Backofen auf 200 Grad (Umluft: 180 Grad) vorheizen.
- Margarine schmelzen und mit Zucker, Vanillezucker und Vanillepulver verrühren. Etwa die Hälfte des Mineralwassers zufügen und weiterrühren. Das Mehl darübersieben. Backpulver, Vanillepuddingpulver und Salz zufügen und alles miteinander vermischen. Dabei nach und nach das restliche Mineralwasser zufügen.
- Zuletzt vorsichtig die Kirschen und die Rosinen unterheben. Eine Springform mit Gugelhupf-Einsatz (Durchmesser 26 cm) einfetten und leicht bemehlen. Den Teig hineinfüllen und im Ofen auf mittlerer Schiene etwa 75 Minuten backen.
- Sobald sich auf dem Kuchen eine feste Oberfläche gebildet hat, diesen für die restliche Backzeit mit Alufolie abdecken. Den Kuchen nach dem Backen mehrere Stunden auskühlen lassen.
- Zuletzt den Kirschsaft aus dem Glas mit Wasser vermischen, sodass Sie insgesamt 500 ml Flüssigkeit erhalten. Das Puddingpulver und den Zucker mit 5 Esslöffeln Kirschsaft, von der Gesamtmenge abgenommen, gut verrühren.
- Den restlichen Kirschsaft zum Kochen bringen. Von der Kochstelle nehmen und das angerührte Puddingpulver unter ständigem Rühren hinzufügen und nochmals kurz aufkochen lassen.
- Den Kuchen mit der Kirschmasse überziehen und erkalten lassen.

Nusskuchen mit Pflaumenmus

Super nussig, saftig und frisch!

- Den Backofen auf 200 Grad (Umluft: 180 Grad) vorheizen.
- Margarine schmelzen und mit Zucker, Vanillezucker, Vanillepulver und Pflaumenmus gut verrühren. Etwa die Hälfte des Mineralwassers zufügen und weiterrühren.
- Das Mehl darübersieben. Gemahlene Nüsse, Backpulver, Puddingpulver und Salz zufügen und alles miteinander vermischen. Dabei nach und nach das restliche Mineralwasser zufügen.
- Eine Kastenform von 25 cm Länge einfetten und leicht bemehlen. Den Teig hineingeben und im Ofen auf mittlerer Schiene etwa 1 Stunde backen. Sobald sich auf dem Kuchen eine feste Oberfläche gebildet hat, diesen für die restliche Backzeit mit Alufolie abdecken.
- In der Zwischenzeit den Puderzucker sieben und mit Kakaopulver, Pflaumenmus und etwas Wasser zu einer streichfähigen Masse anrühren.
- Den ausgekühlten Kuchen mit der Glasur bestreichen, mit den gehackten Mandeln bestreuen und über mehrere Stunden auskühlen lassen.

▶ Für 12 Stücke
gelingt leicht
20 Min. + ca. 1 Std. im Backofen + mind. 3 Std. Kühlzeit

Für den Rührteig:
60 g vegane Margarine · 150 g Zucker · 1 Pck. Bourbon-Vanillezucker · 1 Msp. Vanillepulver · 80 g Pflaumenmus · 300 ml Mineralwasser · 200 g Weizenmehl · 150 g Nüsse, gemahlen (z. B. Haselnüsse, Walnüsse) · 1 Pck. Backpulver · 2 Pck. Puddingpulver Vanille · 1 Prise Salz

Für die Dekoration:
250 g Puderzucker · 2 TL Pflaumenmus · 2 TL Kakaopulver · 50 g gehackte Mandeln

Kirsch-Streusel-Kuchen

Knusprig-fruchtig und farbenfroh

▶ Für 12 Stücke
gelingt leicht
40 Min. + ca. 45 Min. im Backofen + mind. 4 Std. Kühlzeit

400 g Weizenmehl · 250 g vegane Margarine · 150 g Puderzucker · 1 Pck. Bourbon-Vanillezucker · 2 Msp. Vanillepulver · 1 Prise Salz · 250 ml Haferdrink · 2½ Pck. Puddingpulver Vanille · 3 EL Zucker · 2 Gläser Sauerkirschen (Abtropfgewicht pro Glas ca. 350 g) · etwas Mehl zum Ausrollen

- Mehl, Margarine, Puderzucker, Vanillezucker, Vanillepulver und Salz miteinander verkneten. Die Hälfte des Teiges mithilfe von Frischhaltefolie zu einem Kreis mit einem Durchmesser von 24 cm ausrollen.
- Die passende Kuchenform einfetten und leicht bemehlen und den Teig hineingeben. Für den Rand des Kuchens die Hälfte des übrig gebliebenen Teiges verwenden.
- 3 Esslöffel Haferdrink mit ½ Packung Vanillepuddingpulver und 1 Esslöffel Zucker vermischen. Den restlichen Haferdrink aufkochen und mit der angerührten Masse abbinden. Den Vanillepudding auf den ausgerollten Kuchenteig streichen und 30 Minuten abkühlen lassen.
- Den Backofen auf 200 Grad (Umluft: 180 Grad) vorheizen.
- Währenddessen das restliche Puddingpulver mit Zucker und etwa 6 Esslöffeln Kirschsaft gut verrühren. Die restliche Flüssigkeit zusammen mit den Kirschen zum Kochen bringen. Von der Kochstelle nehmen und das angerührte Puddingpulver unter ständigem Rühren hinzufügen und nochmals kurz aufkochen lassen. Die Kirschmasse auf den Kuchen geben.
- Aus dem restlichen Teig Streusel herstellen und den Kuchen damit bedecken. Den Kuchen auf mittlerer Schiene etwa 45 Minuten backen.

Variante: Versuchen Sie doch einmal andere Früchte, wie Mango oder Heidelbeeren. Auch Fruchtmischungen schmecken in diesem Kuchen äußerst köstlich!

Spiegeleikuchen vom Blech

Originell – die Gäste werden staunen!

▶ **Für 16–20 Stücke**
geht schnell
30 Min. + ca. 20 Min. im Backofen + mind. 4 Std. Kühlzeit

Für den Rührteig:
80 g vegane Margarine · 180 g Zucker · 1 Pck. Bourbon-Vanillezucker · Schale einer unbehandelten Zitrone · 200 ml heller Fruchtsaft (z. B. Birne, Pfirsich) · 200 g Weizenmehl · 1 Pck. Backpulver · 2 Pck. Puddingpulver Vanille · 1 Prise Salz · 100 ml Mineralwasser

Für den Guss:
1 Pck. Puddingpulver Vanille · 2 EL Zucker · 500 ml Haferdrink · 2 EL vegane Margarine · 500 ml heller Fruchtsaft · 2 EL Maisstärke · 1 große Konserve Aprikosenhälften · 50 g gehobelte Mandeln

- Den Backofen auf 200 Grad (Umluft: 180 Grad) vorheizen.
- Margarine schmelzen und mit Zucker, Vanillezucker und geriebener Zitronenschale verrühren. Fruchtsaft zufügen und weiterrühren. Mehl darübersieben. Backpulver, Puddingpulver und Salz zufügen und alles vermischen. Dabei nach und nach das Mineralwasser zufügen.
- Den Teig auf ein mit Backpapier ausgelegtes Backblech geben und im Ofen auf mittlerer Schiene etwa 20 Minuten backen.
- In der Zwischenzeit Puddingpulver und Zucker für den Guss mit ca. 5 Esslöffeln Haferdrink gut verrühren. Den restlichen Haferdrink zum Kochen bringen. Von der Kochstelle nehmen und das angerührte Puddingpulver unter ständigem Rühren hinzufügen und nochmals kurz aufkochen lassen. Die Margarine unterrühren, den Pudding mit Frischhaltefolie abdecken und etwas auskühlen lassen.
- Danach etwas Fruchtsaft mit der Maisstärke vermischen. Den restlichen Fruchtsaft aufkochen und mit der angerührten Fruchtsaftmasse abbinden. Sie können auch einen Teil des Fruchtsaftes von der Aprikosenkonserve verwenden.
- Den Vanillepudding auf den Kuchen streichen, dann die Aprikosen in gleichen Abständen darauf verteilen. Die Fruchtsaftglasur darüberstreichen und darauf die Mandeln streuen. Den Kuchen über mehrere Stunden auskühlen lassen.

Streuselkuchen mit Vanillecreme

Ein echter Klassiker, prima zum Mitnehmen!

- Mehl in eine Schüssel sieben und in die Mitte eine Mulde drücken. Hefe hineinbröckeln, etwas Zucker und warmen Haferdrink darübergeben, mit etwas Mehl bedecken und 15 Minuten ruhen lassen.
- Danach die restlichen Zutaten zufügen, alles miteinander verkneten und den Teig weitere 45 Minuten an einem warmen Ort ruhen lassen.
- In der Zwischenzeit die Füllung zubereiten. Hierfür 5 Esslöffel Haferdrink von der Gesamtmenge abnehmen und mit Puddingpulver und Zucker gut verrühren. Den restlichen Haferdrink zum Kochen bringen. Von der Kochstelle nehmen und das angerührte Puddingpulver unter ständigem Rühren hinzufügen und nochmals kurz aufkochen lassen. Den Pudding mit Frischhaltefolie abdecken.
- Eine runde Kuchenform (Durchmesser 24 cm) leicht einfetten und bemehlen. Den Backofen auf 200 Grad (Umluft: 180 Grad) vorheizen. Den Hefeteig in zwei gleich große Teile teilen und in der Größe der Kuchenform ausrollen. Einen Teil in die Kuchenform legen, ⅔ des Vanillepuddings daraufstreichen und den anderen Teig darüberlegen. Den restlichen Vanillepudding darauf verteilen.
- Für die Zuckerstreusel alle Zutaten miteinander verkneten und die Streusel auf dem Kuchen verteilen. Den Kuchen auf mittlerer Schiene 35–40 Minuten backen, auskühlen lassen und mit etwas Puderzucker bestäuben.

▶ **Für 12 Stücke**
preisgünstig
1½ Std. + ca. 1 Std. im Backofen + mind. 1 Std. Kühlzeit

Für den Hefeteig:
400 g Weizenmehl · 30 g frische Hefe · 80 g Zucker · ca. 250 ml lauwarmer Haferdrink · 1 Pck. Bourbon-Vanillezucker · 2 Msp. Vanillepulver · 60 g vegane Margarine · 1 Prise Salz · etwas Mehl zum Ausrollen

Für die Füllung:
250 ml Haferdrink · ½ Pck. Vanillepuddingpulver · 1 EL Zucker

Für die Zuckerstreusel:
300 g Weizenmehl · 200 g vegane Margarine · 125 g Puderzucker

Klassischer Bienenstich

Gästefein und sehr beliebt

- Den Backofen auf 200 Grad (Umluft: 180 Grad) vorheizen.
- Margarine schmelzen und mit Zucker, Vanillezucker und Vanillepulver verrühren. Das Mineralwasser zufügen und weiterrühren. Das Mehl darübersieben. Backpulver, Puddingpulver, gemahlene Mandeln, Amaretto und Salz zufügen und alles miteinander vermischen.
- Eine runde Kuchenform (Durchmesser 24 cm) einfetten und leicht bemehlen. Den Teig hineinfüllen und im Ofen auf mittlerer Schiene etwa 1 Stunde backen.
- Unverzüglich mit der Zubereitung der Dekoration beginnen. Hierfür Margarine mit Zucker, Vanillezucker, Mandeln und Haferdrink in einem Topf erhitzen und kurz köcheln lassen. Sobald sich auf dem Kuchen eine festere Oberfläche gebildet hat, die Mandelmasse vorsichtig darauf verteilen. Den Kuchen fertig backen, nach Bedarf mit Alufolie abdecken.
- Nach dem Backen den Kuchen gut auskühlen lassen. In der Zwischenzeit für die Füllung etwas Haferdrink mit Puddingpulver und Zucker mischen. Den restlichen Haferdrink aufkochen und mit der angerührten Vanillemasse abbinden. Margarine unterrühren. Den Pudding mit Frischhaltefolie abdecken.
- Den Kuchen horizontal halbieren. Die Puddingmasse darauf verteilen, kurz abkühlen lassen und den Deckel des Kuchens daraufsetzen.

▶ **Für 12 Stücke**

braucht etwas mehr Zeit

35 Min. + ca. 1 Std. im Backofen + mind. 4 Std. Kühlzeit

Für den Rührteig:

100 g vegane Margarine · 180 g Zucker · 1 Pck. Vanillezucker · 2 Msp. Vanillepulver · 300 ml Mineralwasser · 270 g Weizenmehl · 1 Pck. Backpulver · 1 Pck. Puddingpulver Vanille · 100 g Mandeln, blanchiert, gemahlen · 4 EL Amaretto · 1 Prise Salz

Für die Dekoration:

100 g vegane Margarine · 100 g Zucker · 1 Pck. Bourbon-Vanillezucker · 200 g Mandeln, gehobelt · 3 EL Haferdrink Vanille

Für die Füllung:

500 ml Haferdrink (Vanille) · 1 Pck. Vanillepuddingpulver · 40 g Zucker · 100 g vegane Margarine

Apple-Crumble mit Vanillesauce

... oder mal mit einer Kugel Vanilleeis?

▶ Für 6 Personen
preisgünstig
20 Min. + ca. 30 Min. im Backofen + mind. 1 Std. Kühlzeit

Für den Apple-Crumble:
120 g Weizenmehl · 75 g Mandeln, blanchiert, gemahlen · 75 g vegane Margarine · 35 g Puderzucker · 1 Pck. Bourbon-Vanillezucker · 1 Msp. Vanillepulver · 25 g Rosinen · 6 Äpfel (geschält ca. 600 g) · etwas Saft von einer frischen Zitrone · 1 EL Zucker · 25 g Mandeln, gehobelt

Für die Vanillesauce:
500 ml Haferdrink · ½ Pck. Puddingpulver Vanille · 2 EL Zucker (40 g) · 2 Msp. Vanillepulver

- Mehl, Mandeln, Margarine, Puderzucker, Vanillezucker und Vanillepulver miteinander verkneten. Den Teig in Frischhaltefolie wickeln und im Kühlschrank etwa eine halbe Stunde kühl stellen. Die Rosinen in Wasser oder Rum einweichen.
- In der Zwischenzeit die Vanillesauce zubereiten. Hierfür etwas Haferdrink mit Puddingpulver, Zucker und Vanillepulver vermischen. Den restlichen Haferdrink aufkochen und mit der angerührten Vanillemasse abbinden.
- Eine Auflaufform (ca. 20 x 20 cm) einfetten und leicht bemehlen. Die Hälfte der Sauce hineingießen. Die andere Hälfte wird später separat zum Crumble serviert.
- Nun die Äpfel schälen und in Stücke schneiden, mit Zitronensaft beträufeln und mit 1 Esslöffel Zucker bestreuen und in einem Topf mit wenig Wasser etwa 1 Minute köcheln lassen. Den Backofen auf 200 Grad (Umluft: 180 Grad) vorheizen.
- Die Äpfel in der Auflaufform verteilen. Rosinen und gehobelte Mandeln darüberstreuen und alles mit den Händen zusammendrücken. Den Streuselteig aus dem Kühlschrank nehmen und die Streusel auf dem Crumble verteilen. Den Apple-Crumble im Ofen auf mittlerer Schiene etwa 30 Minuten backen.

Variante: Bereiten Sie den Crumble einmal in feuerfesten kleinen Dessertgläschen zu. Und nehmen Sie anstelle von Äpfeln frische Himbeeren, Rhabarber oder Heidelbeeren oder kombinieren Sie mehrere Früchte miteinander!

Amerikanische Pancakes mit Vanille und Ahornsirup

Für einen süßen Start in den Tag!

- Mehl mit Backpulver, Zucker, Vanillezucker und Vanillepulver gut verrühren. Haferdrink und Salz zufügen und alles mischen.
- In einer kleinen Pfanne (etwa 18 cm Durchmesser) 2 Esslöffel Öl erhitzen. Die Hälfte des Teiges einfüllen und bei mittlerer bis niedriger Hitze etwa 3 Minuten garen. Den Pfannkuchen wenden und weitere 3 Minuten garen.
- Den Pfannkuchen auf Küchenpapier abtropfen lassen und derweil den zweiten Pfannkuchen genauso backen. Die Pfannkuchen mit Ahornsirup genießen.

Variante: Für Apfel-Zimt-Kaiserschmarrn benötigen Sie zusätzlich 25 g Rosinen, 50 g Apfelstücke eines frischen Apfels, 1 Messerspitze Zimtpulver, 20 g gehobelte Mandeln und 2 Esslöffel mehr Flüssigkeit (z. B. Haferdrink). Zimt und Flüssigkeit fügen Sie dem Teig direkt zu, die restlichen Zutaten erst dann, wenn Sie den Teig in die Pfanne eingefüllt haben. Braten Sie den Pfannkuchen wie oben beschrieben, nur dass Sie ihn dabei nach und nach zerstückeln. Etwas Zimt-Zucker zum Bestreuen rundet den fertigen Kaiserschmarrn ab.

▶ **Für 2 Pancakes**
geht schnell
10 Min. + ca. 12 Min. in der Pfanne

150 g Weizenmehl · 2 TL Backpulver (ca. 10 g) · 2 EL Zucker · 1 Pck. Bourbon-Vanillezucker · 1 Msp. Vanillepulver · 250 ml Haferdrink · 1 Prise Salz · 4 EL neutrales Öl · 50 g Ahornsirup

Feiner Marzipankuchen mit Mandelguss

Zart & saftig, ein Gedicht!

▶ **Für 12 Stücke**
gelingt leicht
ca. 40 Min. + ca. 1 Std. im Backofen + ca. 4 Std. Kühlzeit

Für den Rührteig:
60 g vegane Margarine · 160 g Zucker · 1 Pck. Bourbon-Vanillezucker · 4 EL Amaretto · 300 ml Mineralwasser · 100 g Marzipan · 250 g Weizenmehl · 1 Pck. Backpulver · 2 Pck. Puddingpulver Vanille · 1 Prise Salz

Für die Dekoration:
250 g Puderzucker · 2–3 EL Amaretto · 1 TL Kakaopulver · 1 Spritzbeutel · 50 g Mandelstifte

- Den Backofen auf 200 Grad (Umluft: 180 Grad) vorheizen.
- Margarine schmelzen und mit Zucker, Vanillezucker und Amaretto gut verrühren. Etwa die Hälfte des Mineralwassers zufügen und weiterrühren.
- Das Marzipan fein raspeln und unter weiterem Rühren zufügen. Das Mehl darübersieben. Backpulver, Puddingpulver und Salz zufügen und alles miteinander vermischen. Dabei nach und nach das restliche Mineralwasser zufügen.
- Eine Kastenform von 25 cm Länge einfetten und leicht bemehlen. Den Teig hineingeben und im Ofen auf mittlerer Schiene etwa 1 Stunde backen. Sobald sich auf dem Kuchen eine feste Oberfläche gebildet hat, diesen für die restliche Backzeit mit Alufolie abdecken.
- In der Zwischenzeit den Puderzucker sieben. Aus 200 g Puderzucker und etwas Amaretto eine streichfähige helle Zuckerglasur anrühren. Den restlichen Puderzucker mit Kakaopulver vermischen und mit Amaretto eine dunkle Puderzuckerglasur herstellen.
- Den abgekühlten Kuchen zuerst mit der hellen Glasur überziehen, dann mithilfe eines Spritzbeutels dunkle Streifen auf den Kuchen malen. Die Mandelstifte auf der Oberfläche des Kuchens verteilen.

Tipp

Dekorieren Sie den Kuchen zusätzlich mit kleinen Rosen und Blättern aus Marzipan – das verleiht ihm einen festlichen Akzent!

Donauwellen

Machen sich gut auf jedem Buffet

▶ **Für 20 Stücke**
gelingt leicht
1 Std. + ca. 30 Min. im Backofen + mind. 4 Std. Kühlzeit

Für den Rührteig:
160 g Sonnenblumenöl · 280 g Zucker · 4 Pck. Bourbon-Vanillezucker · 500 ml Mineralwasser · 400 g Weizenmehl · 2 Pck. Backpulver · 2 Prisen Salz · 1 Pck. Puddingpulver Vanille · 4 Msp. Vanillepulver · 1 Pck. Puddingpulver Schokolade · 1 TL Kakaopulver

Für die Creme und die Dekoration:
1 Glas Sauerkirschen (Abtropfgewicht 350 g) · 3 Pck. Puddingpulver Sahne oder Vanille · 1½ Liter Haferdrink · 120 g Zucker · 3 EL vegane Margarine · etwas Zartbitter-Schokolade

- Für den Rührteig Öl, Zucker und Vanillezucker verrühren. Etwa die Hälfte des Mineralwassers zufügen und weiterrühren. Das Mehl darübersieben. Backpulver und Salz zufügen und alles miteinander vermischen.
- Den Backofen auf 200 Grad (Umluft: 180 Grad) vorheizen.
- Den Teig halbieren und eine Hälfte in eine zweite Schüssel füllen. Unter den einen Teig Vanillepuddingpulver sowie Vanillepulver rühren, unter den anderen Schokoladenpuddingpulver und Kakaopulver. Dabei nach und nach jeweils die Hälfte des restlichen Mineralwassers zufügen.
- Die Kirschen gut abtropfen lassen. Den hellen Teig auf ein mit Backpapier ausgelegtes Backblech streichen und im Backofen auf mittlerer Schiene etwa 10 Minuten backen.
- Anschließend den dunklen Teig auf den hellen streichen. Die Kirschen auf dem Teig verteilen. Den Kuchen für weitere 15–20 Minuten backen.
- Für die Creme 10 Esslöffel Haferdrink von der Gesamtmenge abnehmen und mit Puddingpulver und Zucker gut verrühren. Den restlichen Haferdrink zum Kochen bringen. Von der Kochstelle nehmen und das angerührte Puddingpulver unter ständigem Rühren hinzufügen und nochmals kurz aufkochen lassen.
- Die Margarine unter den Pudding rühren. Die Masse auf den Kuchen streichen und über mehrere Stunden auskühlen lassen. Den Kuchen danach mit geschmolzener Zartbitterschokolade bestreichen.

Rotwein-Schoko-Kuchen mit Nüssen

Bleibt lange saftig und frisch!

- Den Backofen auf 200 Grad (Umluft: 180 Grad) vorheizen.
- Margarine schmelzen und mit Zucker und Vanillezucker verrühren. Rotwein zufügen und weiterrühren. Mehl darübersieben.
- Backpulver, Kakaopulver, Schokoladenpuddingpulver, gemahlene Mandeln und Salz zufügen und alles miteinander vermischen. Dabei nach und nach das Mineralwasser zufügen.
- Eine Kastenform von 25 cm Länge einfetten und leicht bemehlen. Den Teig hineingeben und im Ofen auf mittlerer Schiene etwa 1 Stunde backen. Sobald sich auf dem Kuchen eine feste Oberfläche gebildet hat, diesen für die restliche Backzeit mit Alufolie abdecken.
- Den Kuchen erkalten lassen und mit Puderzucker bestäuben.

Variante: Dieser Kuchen schmeckt auch lecker, wenn Sie anstelle von Rotwein roten Traubensaft verwenden!

▶ **Für 12 Stücke**

gut vorzubereiten

20 Min. + ca. 1 Std. im Backofen + mind. 4 Std. Kühlzeit

80 g vegane Margarine · 200 g Zucker · 1 Pck. Bourbon-Vanillezucker · 200 ml Rotwein (süß oder trocken – je nach Vorliebe) · 200 g Weizenmehl · 1 Pck. Backpulver · 2 EL Kakaopulver · 1 Pck. Puddingpulver Schokolade · 75 g gemahlene Mandeln · 1 Prise Salz · 100 ml Mineralwasser · 50 g Puderzucker zum Bestäuben

Schokoladiger Maulwurfkuchen

Mit Bananen-Schoko-Füllung! Gästefein

▶ Für 12 Stücke
braucht etwas mehr Zeit
1 Std. + ca. 1 Std. im Backofen + mind. 4 Std. Kühlzeit

Für den Rührteig:
120 g vegane Margarine · 300 g Zucker · 2 Pck. Bourbon-Vanillezucker · 500 ml Haferdrink Schokolade · 400 g Weizenmehl · 5 TL Backpulver (ca. 25 g) · 2 Pck. Puddingpulver Schokolade · 1 EL Kakaopulver · 1 Prise Salz · 100–150 ml Mineralwasser

Für die Füllung:
500 ml Haferdrink Schokolade · 1 Pck. Puddingpulver Schokolade · 2 EL Zucker · 5 Bananen (geschält ca. 500 g)

- Den Backofen auf 200 Grad (Umluft: 180 Grad) vorheizen.
- Margarine schmelzen und mit Zucker und Vanillezucker verrühren. Haferdrink zufügen und alles gut miteinander vermischen. Mehl darübersieben. Backpulver, Schokoladenpuddingpulver, Kakaopulver und Salz zufügen und alles verrühren. Das Mineralwasser zufügen.
- Den Teig in eine eingefettete und leicht bemehlte runde Kuchenform (Durchmesser 26 cm) geben und backen. Sobald sich auf dem Kuchen eine feste Oberfläche gebildet hat, diesen für die restliche Backzeit mit Alufolie abdecken.
- In der Zwischenzeit die Füllung zubereiten. Hierfür 5 Esslöffel Haferdrink von der Gesamtmenge abnehmen und mit Puddingpulver und Zucker gut verrühren. Den restlichen Haferdrink zum Kochen bringen. Von der Kochstelle nehmen und das angerührte Puddingpulver unter ständigem Rühren hinzufügen und nochmals kurz aufkochen lassen. Den Pudding mit Frischhaltefolie abdecken.
- Den abgekühlten Kuchen aushöhlen und die Kuchenmasse mit den Fingern zerkrümeln. Die Bananen auf den Kuchenboden legen und mit dem Pudding bestreichen. Die Kuchenkrümel darüberstreuen und den Kuchen über mehrere Stunden an einen kühlen Ort stellen.

Schwarzwälder Kirschtorte

Einfach unwiderstehlich!

▶ **Für 12 Stücke**
braucht etwas mehr Zeit
1½ Std. + ca. 1 Std. im Backofen + mind. 6 Std. Kühlzeit

Für den Rührteig:
120 g Margarine · 400 g Zucker · 2 Pck. Vanillezucker · geriebene Schale einer unbehandelten Zitrone · 700 ml Haferdrink Schokolade · 400 g Mehl · 1½ Pck. Backpulver · 2 Pck. Puddingpulver Schokolade · 4 TL Kakaopulver · 1 Prise Salz

Für die Kirschfüllung:
1 Glas Sauerkirschen (Abtropfgewicht 350 g) · 6 EL Kirschwasser · 40 g Stärke · 1 EL Zucker

Füllung und Dekoration:
1½ Liter Haferdrink · 2½ Pck. Puddingpulver Sahne · 100 g Zucker · 100 g Margarine · 200 g dunkle Schokolade · 12 frische Kirschen oder Belegkirschen

- Den Backofen auf 200 Grad (Umluft: 180 Grad) vorheizen.
- Margarine schmelzen und mit Zucker, Vanillezucker und geriebener Zitronenschale verrühren. Den Haferdrink zufügen und weiterrühren. Mehl darübersieben. Backpulver, Puddingpulver, Kakaopulver und Salz zufügen und alles miteinander vermischen.
- Eine Kuchenform (Durchmesser 24 cm) einfetten und leicht bemehlen. Den Teig hineinfüllen und auf mittlerer Schiene etwa 1 Stunde backen. Sobald sich eine feste Oberfläche gebildet hat, den Kuchen für die restliche Backzeit mit Alufolie abdecken. Gut auskühlen lassen.
- Den Kuchen zweimal quer halbieren. Den Boden des Kuchens zurück in die Kuchenform legen.
- Etwas Kirschsaft mit der Stärke mischen. Die restlichen Kirschen mitsamt Saft und Kirschwasser aufkochen und mit der vorher angerührten Masse abbinden. Den Zucker unterrühren. Die Masse auf den Kuchenboden streichen.
- Das Sahnepuddingpulver mit Zucker und 7 Esslöffeln Haferdrink glattrühren. Den restlichen Haferdrink aufkochen und mit der angerührten Sahnemasse abbinden. Die Margarine unterrühren.
- Etwa ¼ der Puddingcreme auf den Kuchen streichen. Den zweiten Kuchenboden darauflegen und erneut eine Schicht Creme daraufstreichen. Den Deckel des Kuchens daraufsetzen und den Kuchen für 2–3 Stunden kühl stellen.
- Kuchen aus der Form nehmen und vollständig mit Puddingcreme bestreichen. Schokolade raspeln und über den Kuchen streuen. Mit frischen Kirschen oder Belegkirschen garnieren und erneut 2–3 Stunden kühl stellen.

Frankfurter Kranz

Toll für Festtage

- Den Backofen auf 200 Grad (Umluft: 180 Grad) vorheizen.
- Margarine schmelzen und mit Zucker, Vanillezucker und Vanillepulver verrühren. Etwa die Hälfte des Mineralwassers zufügen und weiterrühren. Das Mehl darübersieben. Backpulver, Puddingpulver, Mandeln und Salz zufügen und alles miteinander vermischen. Dabei nach und nach das restliche Mineralwasser zufügen.
- Den Teig in eine eingefettete und leicht bemehlte Frankfurter-Kranz-Form geben (falls Sie keine haben, geht auch eine große Gugelhupfform). Im Ofen auf mittlerer Schiene etwa 1 Stunde backen. Sobald sich auf dem Kuchen eine feste Oberfläche gebildet hat, diesen für die restliche Backzeit mit Alufolie abdecken.
- In der Zwischenzeit die Füllung zubereiten. Hierfür 7 Esslöffel Haferdrink, Puddingpulver und Zucker gut verrühren. Den restlichen Haferdrink zum Kochen bringen. Von der Kochstelle nehmen und das angerührte Puddingpulver unter ständigem Rühren hinzufügen und nochmals kurz aufkochen lassen. Die Margarine unterrühren und den Pudding mit Frischhaltefolie abdecken.
- Den ausgekühlten Kuchen zweimal quer durchschneiden. Das Gelee auf die unterste Schicht streichen. Eine dünne Schicht Vanillecreme darüberstreichen. Mit der zweiten Kuchenschicht genauso vorgehen.
- Den Kuchen zum Schluss vollständig mit Vanillecreme bestreichen und mit den gehackten Mandeln bestreuen. Die Belegkirschen daraufsetzen und den Kuchen mehrere Stunden gut auskühlen lassen.

▶ **Für 20–24 Stücke**

braucht etwas mehr Zeit

1 Std. + ca. 1 Std. im Backofen + mind. 6 Std. Kühlzeit

Für den Rührteig:

200 g vegane Margarine · 400 g Zucker · 2 Pck. Bourbon-Vanillezucker · 4 Msp. Vanillepulver · 750 ml Mineralwasser · 500 g Weizenmehl · 2 Pck. Backpulver · 3 Pck. Puddingpulver Vanille · 100 g Mandeln, gemahlen, blanchiert · 1 Prise Salz · 1 Frankfurter-Kranz-Form (Durchmesser 26 cm)

Füllung und Dekoration:

750 ml Haferdrink · 1½ Pck. Vanillepuddingpulver · 60 g Zucker · 100 g vegane Margarine · 250 g Johannisbeergelee · 100 g gehackte Mandeln · 20–24 Belegkirschen

Linzer Torte

Nicht nur zur Weihnachtszeit ein Genuss!

▶ **Für 12 Stücke**
gut vorzubereiten
1 Std. + ca. 30 Min. im Backofen + (idealerweise) 1 Tag Ruhezeit

200 g Weizenmehl · 200 g Zucker · 1 Pck. Bourbon-Vanillezucker · ½ TL Zimtpulver · 1 Msp. Nelken, gemahlen · 200 g Nüsse, gemahlene (Mandeln oder Haselnüsse) · 200 g vegane Margarine · etwas Puderzucker zum Bestäuben · 450 g Johannisbeergelee

- Aus Mehl, Zucker, Vanillezucker, Zimtpulver, Nelkenpulver, Nüssen und Margarine einen Teig kneten. Diesen in Frischhaltefolie wickeln und 30 Minuten an einem kühlen Ort ruhen lassen.
- Etwa ¾ des Teiges mithilfe von Frischhaltefolie für den Boden und Rand einer Springform (Durchmesser 24 cm) ausrollen und in die Form legen.
- Den Backofen auf 200 Grad (Umluft: 180 Grad) vorheizen.
- Das Johannisbeergelee mit 3 Esslöffeln Wasser verrühren und auf dem Teigboden verteilen. Den Rest des Teiges ausrollen, in schmale Streifen schneiden und gitterförmig auf die Marmelade legen, an den Rändern festdrücken.
- Den Kuchen im vorgeheizten Ofen auf mittlerer Schiene etwa 30 Minuten backen.
- Anschließend gut auskühlen lassen und kurz vor dem Servieren mit etwas Puderzucker bestäuben.

Tipp

Damit eine Linzer Torte ihren Geschmack richtig entfalten kann, sollte sie mindestens einen Tag durchziehen. Am besten zieht sie durch, wenn sie gut in Frischhaltefolie verschlossen wird.

Register

SERVICE

Liebe Leserin, lieber Leser,

hat Ihnen dieses Buch weitergeholfen? Für Anregungen, Kritik, aber auch für Lob sind wir offen. So können wir in Zukunft noch besser auf Ihre Wünsche eingehen. Schreiben Sie uns, denn Ihre Meinung zählt!

Ihr TRIAS Verlag
E-Mail Leserservice: Kundenservice@trias-verlag.de
Lektorat TRIAS Verlag, Postfach 30 05 04, 70445 Stuttgart, Fax: 0711 89 31-748

Bibliografische Information der Deutschen Nationalbibliothek
Die Deutsche Nationalbibliothek verzeichnet diese Publikation in der Deutschen Nationalbibliografie; detaillierte bibliografische Daten sind im Internet über http://dnb.d-nb.de abrufbar.

Programmplanung: Uta Spieldiener
Redaktion: Dr. Thamar Triebel
Bildredaktion: Dr. Thamar Triebel, Christoph Frick

Umschlaggestaltung und Layout:
CYCLUS Visuelle Kommunikation, Stuttgart
Bildnachweis:
Umschlagfoto: Meike Bergmann, Berlin
Fotos im Innenteil: Meike Bergmann, Berlin
Foodstyling: Max Faber

Wichtiger Hinweis: Wie jede Wissenschaft ist die Medizin ständigen Entwicklungen unterworfen. Forschung und klinische Erfahrung erweitern unsere Erkenntnisse. Ganz besonders gilt das für die Behandlung und die medikamentöse Therapie. Bei allen in diesem Werk erwähnten Dosierungen oder Applikationen, bei Rezepten und Übungsanleitungen, bei Empfehlungen und Tipps dürfen Sie darauf vertrauen: Autoren, Herausgeber und Verlag haben große Sorgfalt darauf verwandt, dass diese Angaben dem Wissensstand bei Fertigstellung des Werkes entsprechen. Rezepte werden gebacken und ausprobiert. Übungen und Übungsreihen haben sich in der Praxis erfolgreich bewährt. Eine Garantie kann jedoch nicht übernommen werden. Eine Haftung des Autors, des Verlags oder seiner Beauftragten für Personen-, Sach- oder Vermögensschäden ist ausgeschlossen.

1. Auflage

Printed in Germany

Satz und Repro: Fotosatz Buck, Kumhausen
gesetzt in Adobe Indesign 5.0
Druck: AZ Druck und Datentechnik GmbH, Kempten

Gedruckt auf chlorfrei gebleichtem Papier

ISBN 978-3-8304-8029-7 1 2 3 4 5 6

Auch erhältlich als E-Book:
eISBN (PDF) 978-3-8304-8030-3
eISBN (ePub) 978-3-8304-8031-0